„Für zwei Tage Buddha"

-

**Das wundervolle
Kôan Mu des Jôshû**

Erfahrungsbericht

.

„Für zwei Tage Buddha"

Das wundervolle Kôan Mu des Jôshû

Erfahrungsbericht

Bibliografische Information der Deutschen Nationalbibliothek:
Die Deutsche Nationalbibliothek verzeichnet diese Pu-
blikation in der Deutschen Nationalbibliografie; de-
taillierte bibliografische Daten sind im Internet über
http://dnb.dnb.de abrufbar.

Herstellung und Verlag:
BoD – Books on Demand, Norderstedt
ISBN 978-3-7481-1968-5

Inhaltsverzeichnis

Vorwort   12

Wie ich zu Zen kam   14
Erfahrungsbericht   18

Vorwort

2015 veröffentlichte ich ein Buch mit dem Titel „Kôan Mu des Jôshû, Erfahrungsbericht und Einordnung". Ich hatte es geschrieben, weil ich mit dem Kôan Mu, dem paradoxen Rätsel des Zen-Buddhismus, das geeignet ist sich selbst zu erkennen, so gute und hilfreiche Erfahrungen gemacht hatte, dass ich es für wichtig hielt, auch dem interessierten Leser davon zu berichten.

Ich habe mich nun für eines neues Buch zum Thema „Kôan Mu" entschieden. Nicht nur, weil ich heute das ein oder andere anders als damals formulieren würde, sondern vor allem, weil es mir ca. 1 Jahr nach der o.g. Buchveröffentlichung gelang, aufgrund des Kôan Mu, für zwei Tage einen „Zustand" zu erfahren, den ich erstmals als Erleuchtung bezeichnen würde. Eine Erfahrung, die weit über das erste Erkennen von Mu, das ich bereits Jahre zuvor erreicht hatte, hinausging. Sie wollte ich unbedingt noch in den Inhalt einfließen lassen.

Das Buch ist quasi ein Erfahrungsbericht. Einer der durch lose miteinander verbundene Absätze zunächst kurz erzählt, wie ich zu Zen kam und dann all das beschreibt, was mir auf dem weglosen Weg begegnete und was ich für einen Menschen, der diesen ebenfalls beschreiten möchte, für erwähnenswert halte. Begleitet wird diese Schilderung durch Zitate zahlreicher tief erleuchteter Meister der Vergangenheit und Gegenwart. Zitate, an denen auch ich mich oft orientiert habe und die mir halfen auf dem Weg voranzukommen.

Ralf Scherer, 2018

Wie ich zu Zen kam

Als ich etwa 17 Jahre alt war...

... las ich viele Bücher über die asiatischen Kampf-
künste Karate, Taekwondo, Aikido etc., dabei kam ich
zum ersten Mal mit Zen in Berührung. Ich las beispielsweise auch das „Tao des Jeet Kune Do" des
großen Kampfkünstlers Bruce Lee, in dem er davon
spricht keinen Weg als Weg zu verwenden, wie auch
davon, dass letzten Endes der Name des von ihm be-
gründeten „Jeet Kune Do" ausgelöscht sei, also eine
Rückkehr zum Ursprung stattfände und der Kreis sich
schließe. Ich konnte solche Aussagen zu dieser Zeit
nicht in ihrer Tiefe verstehen, es war eher ein intellektuelles Verstehen, kein Verstehen im Sein. Die wirkliche Berührung mit Zen kam erst viele Jahre später, als
ich auf das Kôan Mu stieß, das paradoxe Rätsel des
großen Zen-Meisters Jôshû Jushin (778 - 897), da war
ich 38 Jahre und ist nun 14 Jahre her. Heute bin ich
also 52 Jahre alt.

Diese wirkliche Berührung mit Zen...

… entstand als einige Dinge in meinem Leben nicht
nach meinen Erwartungen und Wünschen verliefen.
Ein „Knackpunkt" war sicherlich das Scheitern meiner
Beziehung. Es war nicht so, dass meine Freundin und
ich lange zusammen gewesen wären, gerade mal ein
dreiviertel Jahr, aber dass die Beziehung überhaupt

scheiterte, schockte mich, denn eigentlich war diese Frau, was ich immer wollte, und eigentlich wollte ich mit ihr zusammenbleiben, aber ich konnte nicht. Meine Gefühle für sie waren plötzlich einfach weg, und erstmals in meinem Leben erfuhr ich diese enorme Diskrepanz zwischen Wollen und Können. Ich wollte diese Frau lieben, und wie ich das wollte, aber ich konnte nicht.

Ich verstand mich selbst nicht mehr.

Als mein Handeln ihr gegenüber durch den Wegfall der Liebe nicht mehr durch diese beseelt war und ich ihr auch keinen Grund für den Wegfall nennen konnte, fühlte ich mich elend, denn ich war schon der Meinung, dass ein Mensch sein Handeln gegenüber dem Anderen begründen können muss. Das Handeln, so dachte ich weiter, sollte schon an etwas gebunden sein. Aber an was? Und wenn es an etwas gebunden war, wie konnte es dann dennoch frei sein?

Ich fragte mich: „Was ist eigentlich dein Wertemaßstab, woran bemisst du die Dinge? Woran machst du fest, was gut oder böse ist?" und fand in mir keine Klarheit. Was, wenn ich wie ein Architekt wäre, der mit einem falschen Maßstab herumliefe, einem Lineal mit falscher Skala, und danach die Häuser bemäße? Was wenn ich die Dinge des Lebens falsch bewertete? Ich tat dann, was ich immer getan hatte, wenn ich etwas sehr genau wissen wollte: Ich kaufte mir Bücher. Zum Thema Mensch. Bücher aus den Bereichen Psychologie, Philosophie, Esoterik, Religion etc., alles, was mir irgendwie das Menschsein erklären könnte. Dabei stieß ich auf einen Klassiker des Zen-Buddhismus, auf das Buch „Die drei Pfeiler des Zen" von Philip Kapleau.

Durch dieses Buch...

... kam ich wirklich zu Zen, und zwar indem es mich mit dem Kôan Mu des Jôshû bekannt machte. Durch es erkannte ich Mu und fand in Mu den unabhängigen Maßstab, den Leitstern, den Halt, den ich immer gesucht hatte.

Die Frage, an was das Handeln gebunden war, und dennoch frei, hatte nun eine Antwort gefunden.

Erfahrungsbericht

In dem genannten Buch...

... war es vor allem der Dialogteil, der es mir angetan hatte und den ich immer wieder las. In diesem wird beschrieben wie jeder Schüler im Dokusan[1] zu Yasutani Rôshi[2] (1885 - 1973) kommt und mit ihm spricht.

Philip Kapleau, der ursprünglich Gerichtsreporter war, u.a. bei den Nürnbergern Prozessen, hörte mit der Erlaubnis des Rôshi zu und schrieb danach den Dialog zwischen Schüler und Rôshi, solange er ihn noch frisch im Gedächtnis hatte, in Kurzschrift auf. Es ging darum die wichtige Unterredung nicht durch ein Aufnahmegerät oder das Machen von Notizen zu stören oder zu beeinflussen. So ist der gesamte Dialogteil sehr authentisch.

Yasutani Rôshi weist...

... jedem Schüler, je nach Tiefe seines Wunsches um Zen, eine Übung zu, etwa das Zählen der Atemzüge, das Verfolgen der Atemzüge, Shikantaza (Sitzen ohne Leitstern) oder ein Kôan, im allgemeinen das Kôan Mu.

---

1 Dokusan: Begegnung mit dem Rôshi in der Zurückgezogenheit seines Lehrraumes
2 Rôshi heißt verehrungswürdiger Meister, Zen-Meister

Eine Schülerin beispielsweise wird in solch einem Dialog von Yasutani Rôshi gefragt: „Wollen Sie Erleuchtung finden?", und als ich das las, dachte ich: „Aha, Erleuchtung, das fragt er sie so einfach. So, als sei das gar kein großes Problem", und ich dachte weiter: „Wenn Zen Freiheit ist, und die Erleuchtung höchster Ausdruck dieser Freiheit, dann will auch ich Erleuchtung finden."

So wies ich mir selbst das Kôan Mu zu.

Was ist...

... eigentlich ein Kôan?

In Kapleaus Buch stand:

Ein Kôan ist eine in verwirrender Ausdrucksweise abgefasste Formulierung, die auf die letzte, die ultimative Wahrheit hinweist. Kôans lassen sich nicht mit Hilfe logischen Denkens lösen, sondern nur, indem man eine tieferliegende Schicht des Geistes erweckt, die jenseits des diskursiven Intellekts liegt. Gebildet werden Kôans aus den Fragen der Schüler alter Zeit und den Antworten ihrer Meister, aus Teilen von Predigten und Reden der Meister, aus Zeilen der Sûtras (buddhistische Schrifttexte) oder anderer Lehren.

Das Kôan Mu ist das bekannteste aller Kôans.

Es lautet:

Ein Mönch fragte Jôshû in allem Ernst: „Hat ein Hund Buddha-Wesen oder nicht?"

Jôshû versetzte: „Mu!"

Auch wurde...

... erläutert, dass Mu japanisch ist und „nichts", „nicht", „das Nichts", „kein" und „un-..." heißt.

„Versetzen" bedeutete „scharf, unmittelbar, spontan" zu antworten.

Und wer...

... Jôshû war, erfuhr ich auch, nämlich ein berühmter Zen-Meister der T'ang-Zeit.

Jôshû Jushin lebte von 778 – 897.

Kapleau über ihn:

Wie sein Meister, Nansen, war Jôshû von sanftem Gebaren. Er vermied die kraftvolle Rede und heftige Handlungsweise eines Rinzai, doch waren seine Weisheit und sein Scharfsinn im Umgang mit seinen Schülern derart, dass er mit seinem sanften Spott oder hochgezogenen Augenbrauen mehr vermitteln konnte

20

als andere Meister durch Anbrüllen oder Stockhiebe.
Das geht aus den zahllosen Kôans hervor, die ihn zum
Mittelpunkt haben. Jôshû Zenji wird in Japan hoch
verehrt.

Mit diesem...

... Grundwissen ausgerüstet, begann Ich also mit dem
Kôan Mu zu arbeiten. Ich setzte mich auf den Fußbo-
den, auf eine kleine Decke in den Schneidersitz, der
Lotussitz war wegen der fehlenden Beweglichkeit
meiner Beine nicht drin, und begann, so wie Yasutani
Rôshi oder andere Zen-Meister es an diversen Stellen
des Buches angegeben hatten, mit dem Kôan Mu zu
arbeiten.

Die Arbeit bestand darin herauszufinden, was Mu ist.
Dabei aber nicht nur verstandesgemäß zu wissen,
dass Mu japanisch und begrifflich das Nichts oder die
Leere ist, sondern Mu jenseits aller Begriffe zu erfahren. Erst das war das wirkliche Wissen. Erst das war
das wirkliche Begreifen.

So sagt Yasutani Rôshi zu einem Schüler:

Natürlich verstehen Sie das in der Theorie. Aber theo
retisches Verständnis ist wie ein Bild: Es ist nicht das
Ding selbst, sondern nur dessen Darstellung. Lassen
Sie die logischen Gedankengänge fahren, und packen

Sie das wahre Ding.[3]

Um mit dem Kôan Mu...

... zu arbeiten und „das wahre Ding zu packen", galt es die Frage „Was ist Mu?" beständig im Geist zu wiederholen und sich ohne Unterbrechung auf sie zu konzentrieren. Wohlgemerkt im Geist, nicht mit dem Mund, nicht mit der Zunge.

Dachte man als Übender also an etwas anderes als an diese eine Frage und unterbrach damit sein Streben Mu zu erkennen, beispielsweise weil man an die Einkaufsliste für das Abendessen dachte, oder an das Vorstellungsgespräch nächste Woche, oder was auch immer, so zog man sich, alsbald man bemerkte, dass man die Frage verloren hatte, wieder zur Frage zurück.

Ich versuchte...

... genau dies umzusetzen. Ich saß also da und begann in meinem Geist „Was ist Mu?" zu wiederholen:

Was ist Mu? Was ist Mu? Was ist Mu? Etc.

---

3 s.a. Friedrich Nietzsche, Philosoph, 1844 – 1900: *„Wir glauben etwas von den Dingen selbst zu wissen, wenn wir von Bäumen, Farben, Schnee und Blumen reden und besitzen doch nichts als Metaphern der Dinge, die den ursprünglichen Wesenheiten ganz und gar nicht entsprechen."*

Ab und zu wollte die Zunge noch mitsprechen, doch dann gings. Die Wiederholung erfolgte nur noch im Geist.

Kurz überlegte...

... ich: „Was machst du jetzt eigentlich mit dem Hund und diesem seltsamen Buddha- Wesen?" und entschied mich dafür dies erst mal ganz außer Acht zu lassen und mich nur auf die Wiederholung der Frage zu konzentrieren. Was es damit auf sich hatte, würde sich sicherlich noch klären.

Es ging also...

... los.

Was ist Mu? Was ist Mu? Was ist Mu? Was ist Mu? Was ist Mu?

Dann kam mir irgendein Gedanke, beispielsweise:

Schönes Wetter heute, da könnte ich doch Spazierengehen

Ich sitz da und denk mir: „Ok, das ist jetzt ein anderer Gedanke als die Frage, ich hab sie also verloren, d.h. ich zieh mich sofort wieder zur Frage zurück". Und schon wiederholte ich wieder:

Was ist Mu? Was ist Mu? Was ist Mu?

Wieder kam mir irgendein anderer Gedanke, beispielsweise:

Muss nachher noch einkaufen gehen

Ich sagte mir: „Aha, wieder ein anderer Gedanke als die Frage, ok, erkannt", und ziehe mich sofort wieder zur Frage zurück.

Was ist Mu? Was ist Mu? Was ist Mu? Was ist Mu?

Ok, soweit hatte ich die Arbeitsweise verstanden.

Ich las...

… bei Kapleau dann noch den Hinweis, dass ich die Frage auch einfach zu Mu abkürzen könne, wenn sie dem Übenden in Fleisch und Blut übergegangen sei.

Auch das probierte ich aus. Zwei bis drei Tage wiederholte ich im Geist noch die gesamte Frage, von da an nur noch die Kurzform:

Mu Mu Mu Mu etc.

Ansonsten blieb alles dasselbe. Kam irgendein Gedanke, der nicht Mu war, zog ich mich umgehend zu Mu zurück.

Manchmal mischte ich auch beides, Lang- und Kurzform:

*Mu Mu Mu Was ist Mu? Mu Mu Mu Was ist Mu? Was
ist Mu? Mu Mu Mu*

Ich tat dies auch, um mir hin und wieder klar zu werden, was ich wollte, nämlich zu „wissen", was Mu ist,
da man bei der Kurzform doch auch dazu neigt die
Wiederholung lediglich mechanisch auszuführen und
dabei das Streben nach einer Antwort zu vernachläs-
sigen.

Es galt...

... also, wie oben bereits erwähnt, einzig auf die Frage
„Was ist Mu?" (bzw. die Abkürzung „Mu") konzentriert zu bleiben, und wenn ein anderer Gedanke
als die Frage kam, dies so schnell als möglich zu bemerken und wieder zur Frage zurückzukehren.

Es ging darum einzig die Frage (bzw. Mu) im Geist
(Sinn) zu haben und sich mit seinem ganzen Wesen
um eine Beantwortung zu bemühen.

Man musste dabei sehr aufmerksam sein, um die Unterbrechung der Frage so kurz wie möglich zu halten,
oder noch besser, gar keine Unterbrechung zuzulas-
sen. Schließlich ging es ja darum keine langen Gedan-
kenketten aufzubauen, sondern von Gedanken leer zu
werden.

Hierzu...

... auch die Worte des großen Zen-Meisters Mumon Ekai (1183 - 1260) aus dem Mumon-kan, der torlosen Schranke (Torlose Tor), Fall 1, Jôshûs Hund:

Konzentriere deine ganze Energie auf dieses Mu und lasse keine Unterbrechung zu. Wenn du in dieses Mu eintrittst, und es erfolgt keine Unterbrechung, so wird dein Erfolg wie eine brennende Kerze sein, die das ganze Universum erleuchtet.

Hat ein Hund Buddha-Wesen?
Das ist die ernsteste aller Fragen.
Sagst du ja oder nein,
so verlierst du dein eigenes Buddha-Wesen.

Ich bemerkte...

... bei diesen meinen ersten Versuchen, dass die gestellte Aufgabe alles andere als einfach war. Meist war es so, dass bereits wenige Sekunden, nachdem ich mich zum Üben hingesetzt und mir felsenfest vorgenommen hatte, nur an dieser einen Frage festzuhalten, ich mit meinen Gedanken schon wieder ganz woanders war. Ich war so leicht abzulenken, und mein Geist wollte einfach nicht auf Mu konzentriert bleiben, sondern viel lieber herumwandern. Ich schimpfte mit mir: „Jetzt reiß dich mal zusammen, die Aufgabenstellung ist doch klar und deutlich. Sie lautet: Halte nur an Mu fest. Das wirst du doch noch hinbekommen."

Auch dachte ich...

... nach einigen Tagen des Übens: „Das ist doch voll bekloppt, du suchst nach etwas, von dem du nicht einmal weißt, wonach du suchst."

Klar, man sucht nach Mu. Doch was ist Mu?

Oder etwas...

... anders gefragt: Was sucht der Mensch eigentlich, wenn er mit dem Kôan Mu nach Mu sucht?

Er sucht sein Ego. Er sucht sein Ich.

Arbeitet der Mensch mit dem Kôan Mu und fragt dabei „Was ist Mu?", so fragt er also „Wer bin ich?".

Das Kôan Mu ist damit ein Instrument zur Selbsterkenntnis. Beide Fragen sind dieselbe Frage, beide Fragen führen zu demselben.

Ich möchte...

... dazu den großen indischen Heiligen Sri Baghavan

Ramana Maharshi[4] (1879 – 1950) zitieren.

Doch bevor ich das tue, möchte ich dem, der fragen sollte, was ein indischer Guru, der ja sicherlich im Hinduismus beheimatet ist, in einem Zen-Buch verloren hat, sagen:

Es geht immer nur um das Sein. Das ist wichtig zu verstehen.

Ramana Maharshi ist also nicht im Hinduismus beheimatet und Buddha nicht im Buddhismus, sondern beide sind im Sein beheimatet. Jede Religion ist im Sein beheimatet. Alles ist im Sein beheimatet.

Deshalb kann derjenige, der nach Mu sucht, u.a. auf Ramana Maharshi und seine hervorragenden Aussagen zurückgreifen. Und ich empfehle wärmstens das auch zu tun. Neben dem nicht minder großen Sri Nisargadatta Maharaj (1897 – 1981), einem ebenfalls tief erleuchteten indischen Weisen, wird der am weglosen Weg Interessierte, ein Weg, der nichts anderes als der Weg zum Sein (Selbst, Mu) ist, kaum bessere Antworten erhalten.

Warum eigentlich ist dieser Weg weglos? Weil es keinen Weg zum Selbst gibt. Das ist der Weg.

---

4 Maharshi bedeutet Großer Weiser

Nun aber zurück zur...

... Selbsterkenntnis. Ramana Maharshi sagt also:

„Durch das forschende Fragen „Wer bin ich?", wird der Gedanke „Wer bin ich?" alle anderen Gedanken zerstören. Dann wird sich die Erkenntnis des Selbst ergeben."

Indem der Übende in der Arbeit mit dem Kôan Mu also sein Ich sucht, erkennt er, was Ramana Maharshi folgend sagt:

„Wenn Sie das Ego suchen, finden Sie, dass es nicht existiert. Dies ist die Weise, es zu zerstören."

Man könnte diese...

... Suche auch so ausdrücken: Suchen Sie all das, was Sie nicht sind.

Hierzu Nisargadatta Maharaj:

Um zu wissen, wer du bist, musst du zunächst untersuchen und erkennen, was du nicht bist. Entdecke alles, was du nicht bist: Körper, Gefühle, Gedanken, Zeit, Raum, dies oder das. Nichts, was du konkret oder abstrakt wahrnimmst, kannst du sein. Eben dieser Vorgang der Wahrnehmung zeigt, dass du nicht bist, was du wahrnimmst.

Je genauer du verstehst, dass du auf der Ebene des Verstandes nur in negativen Begriffen beschrieben werden kannst, um so rascher wirst du zum Ende deiner Suche kommen und erkennen, dass du das unbegrenzte Sein bist."

Es ist also wichtig zu verstehen: Der Mensch kann nur wissen, was er nicht ist. Was er ist, kann er nicht wissen, sondern nur sein.

Die Frage „Wer bin ich?", und damit auch die Frage „Was ist Mu?", besitzt im Verstand (Bewusstsein) also keine Antwort und hilft so diesen zu überwinden.

Sehr interessant...

... bzgl. der Frage wie tief diese Suche gehen sollte, ist der folgende Dialog Nisargadatta Maharaj mit einem Fragenden:

Fragender: Selbst wenn ich diesen Körper mit seinen Knochen, Fleisch und Blut nicht für mich selbst halte, dann bleibt mir immer noch der subtile Körper aus Gedanken und Gefühlen, Erinnerungen und Wünschen. Selbst wenn ich auch das nicht für mich selber halte, dann bleibt mir immer noch das Bewusstsein, was in gewisser Weise auch ein Körper ist.
Maharaj: Da haben Sie völlig Recht, doch Sie dürfen da nicht stehen bleiben. Gehen Sie darüber hinaus.

Es geht also darum nicht nur Gedanken, etwa die an

die Einkaufsliste, als Unterbrechung der Frage „Was ist Mu?" zu erkennen, sondern weit darüber hinaus.

Auf meiner...

... zen-buddhistischen Website (s. Anhang) schrieb ich dazu einmal:

... Es geht nicht nur um eher grobe Dinge wie Gedanke, Gefühl oder Wille, die loszulassen sind, um leer zu werden, sondern jede noch so kleine und kleinste Erhebung in der Wahrnehmung wird schließlich als Unterbrechung der Frage „Was ist Mu?" erkannt; und damit als etwas, was noch abzulegen ist. Sieht dieser übende Mensch einen Tisch, nimmt er also einen Tisch wahr, so erkennt er ihn als Unterbrechung der Frage. Sieht er eine Banane, so erkennt er sie als Unterbrechung der Frage.

Es könnte also lauten: Nimm das, was dich veranlasst (antreibt) zu sagen, das ist ein Tisch, und lass es los, d.h. zieh dich zur Frage zurück, nimm das, was dich veranlasst zu sagen, das ist eine Banane, und lass es los, d.h. zieh dich zur Frage zurück, nimm das, was dich veranlasst zu sagen, das Ding dort ist grün, und lass es los, d.h. zieh dich zur Frage zurück etc., bis alle Dinge verschwunden sind und keine Erhebung, keine Unterbrechung, keine Trennung von der Welt mehr stattfindet.

„Dinge verschwunden?" Was soll das denn?

Hierzu Ramana Maharshi:

Wenn der Geist, der die Ursache aller Erkenntnisse und aller Handlungen ist, still wird, verschwindet die Welt.

Auf das „Verschwinden der Welt" gehe ich weiter unten nochmals ein.

Zunächst...

... aber noch ein Wort zur Stille, von der Ramana Maharshi spricht. Man könnte auch sagen: Die Suche nach Mu verringert den Lärm, den das Ego macht. Bei dem, der das Ego abgelegt hat, also dem Erleuchteten, ist das Ego die Stille.

Wenn sich ein Mensch also vielleicht einmal fragt: „Wieso gerate ich ständig in Streit, ich tue doch gar nichts.", dann liegt es daran, dass sein Ego zu viel Lärm macht und dies von manchen Menschen wahrgenommen wird.

Den Lärm...

... des Egos könnte man, hart ausgedrückt, auch als Gestank bezeichnen. Ein Gestank, der auch durch tausendfaches Waschen nicht vergeht. Rein ist der Mensch erst durch den Verlust des Egos.

Hierzu möchte ich einen weiteren Gedanken äußern: Immer wieder liest man von Frauen, die, nachdem sie vergewaltigt wurden, versuchen den Ekel durch vielfaches Duschen von sich abzuwaschen. Das wirkliche Abspülen des Ekels ist aber nicht im Äußeren zu finden, d.h. die wirklich reinigende Dusche nach solch einer schlimmen Erfahrung ist die Verringerung bzw. das Ablegen des Egos, kurzum, die Selbsterkenntnis.

Doch zurück...

... zu meiner Arbeit mit dem Kôan Mu.

Ich übte mit ihm also weiter, zumal ich großes Vertrauen in Zen, und damit auch in das von den Zen-Meistern benannte Kôan Mu, hatte, auch wenn ich zu diesem Zeitpunkt nicht wirklich verstand, was Zen ist. Wenn ich aber die Biographien einiger Zen-Meister las, wie radikal sie auf der Suche nach der Wahrheit waren, etwa Bassui Tokusho (1327 - 1387), der auf einen Baum stieg und sich auf einen Ast setzte, um beim Üben wach zu bleiben, und dies durch Nacht, Regen und Kälte, bis er schließlich tiefste Erleuchtung (Satori, Kensho) fand und daraufhin stundenlang vor Freude weinte, dann schienen mir diese Menschen sehr echt zu sein und wirklich zu wissen, wovon sie sprachen. Das klang nicht, als hätten sie lediglich einen „14-tägigen Abendkurs" in Psychologie oder Philosophie an der Volkshochschule belegt. Das hier hatte echte Tiefe.

Vertrauen hatte ich...

... aber auch, weil das Kôan Mu über die Jahrhunderte hinweg immer auch Bestandteil des um Zen bemühten Menschen war und sich wohl dauerhaft bewährt hatte.

So schreibt Kapleau:

Seit Jôshû (778-897), einer der großen chinesischen Zen-Meister der T'ang-Zeit, auf die Frage eines Mönchs, ob ein Hund Buddha-Wesen habe, versetzte: „Mu!", widerhallen all die Jahrhunderte hindurch die Räume der Zen-Klöster und -Tempel vom Echo dieses Vorfalls. Auch heutzutage wird kein anderes Kôan Anfängern so oft aufgegeben. Japanische Zen-Meister sind sich allgemein darüber einig, dass dieses Kôan unübertroffen ist, um den Geist der Unwissenheit aufzubrechen und das Auge der Wahrheit zu öffnen.

Nicht...

... zu vergessen, Zen-Meister Mumon Ekai, der das Kôan Mu in seiner aus 48 Kôans bestehenden Kôan-Sammlung, dem Mumon-kan (Torlose Schranke), an die erste Stelle setzte. Das war für mein weiteres Üben wirklich Referenz genug und die Versicherung, dass ich mit dem Kôan Mu in guten Händen sein würde und ich das Üben ernst nehmen sollte.

Auch fand ich es...

... reizvoll ein Rätsel zu lösen, und nichts anderes ist das Kôan Mu, ein paradoxes Rätsel. Es ist wie Yasutani Rôshi sagt: *„Kôans sind wie Süßigkeiten, um ein widerwilliges Kind zu überreden."*

Ich habe diese Süßigkeiten gern genommen.

Die Dauer meines Übens...

... mit dem Kôan Mu betrug zunächst täglich 30 Minuten, wofür ich mir einfach eine Küchenuhr stellte.

Bald aber bemerkte ich, dass ich von den 30 Minuten 20 viel zu geistesabwesend war und nicht auf die Frage nach Mu konzentriert blieb. So sagte ich mir: Komm, reduzier die Übungszeit, mach täglich 10 Minuten, die dann aber richtig, und gut ist. Lieber kurz und intensiv, als lang und zerfahren, lieber Qualität statt Quantität.

Bei 10 Minuten würde es für mich auch keine Ausrede geben können. Die waren immer möglich. Auch im viel beschäftigten Alltag.

Auf jeden Fall...

... wollte ich verhindern einen Widerwillen gegen das Üben zu entwickeln, indem ich zu lange durchhalten müsste. Ich wollte mich da keinesfalls rein stressen. Die Arbeit mit dem Kôan Mu war etwas völlig anderes als eine Sportübung, bei der es beispielsweise galt 50 Kniebeuge in der Minute zu machen oder auf der Hantelbank 100 kg zu drücken. Das hier war kein Wettbewerb. Man rang nur mit Mu, man rang also nicht gegen etwas, sondern nur mit sich selbst. Es wurde nichts von einem erwartet.

Schüler: Ich weiß, was man von mir erwartet, aber ich kann es einfach nicht tun.

Rôshi: Es gibt nichts, was man von Ihnen erwartet, nichts, was Sie tun oder verstehen sollten.

Aber ich muss...

… auch gestehen, dass ich kein wirklicher Fan von Üben bin. Und vielleicht geht es anderen Menschen auch so. Mir ist am liebsten, wenn eine Übung so im Alltag integriert ist, dass sie als Übung nicht mehr auffällt. Was meine ich damit?

Wenn ein Arzt zu mir sagen würde „Herr Scherer, Sie sollten etwas für Ihre Gesundheit tun, fahren Sie täglich 1 Stunde Fahrrad", so möchte ich mich nicht extra 1 Stunde aufs Rad setzen, sondern mir ist am liebsten, ich fahre mit dem Rad in den Nachbarort, weil ich dort eh täglich etwas zu erledigen habe und das Radfahren verschwindet quasi im Alltag. Das Leben wird dann zur Übung, und der Mensch meistert diese

Übung, indem er lebt.

So sagt auch...

... Zen-Meister Fo-yan (1067 – 1120):

Wenn du Farben siehst und Laute hörst, ist dies eine gute Zeit zur Verwirklichung. Wenn du isst und trinkst, ist auch dies eine gute Zeit zur Verwirklichung. All dies sind wunderbare Gelegenheiten zur Verwirklichung bei allen Verrichtungen des alltäglichen Lebens.

Auch der...

... spirituelle Lehrer Eckhart Tolle, der in meinen Augen ein großer Zen-Meister ist, betont das Nutzen im Alltag, d.h. bei alltäglichen Routinehandlungen, wie etwa dem Händewaschen oder dem Einsteigen ins Auto, die Gedankenlosigkeit, das reine Sein, zu üben, d.h. diesen Handlungen die volle Aufmerksamkeit zu schenken. Achtsam zu sein.

Ich machte...

... dann irgendwie beides: Ich übte täglich 10 Minuten intensiv im Schneidersitz mit dem Kôan Mu und versuchte die restliche Tageszeit sehr aufmerksam zu sein und mich in Alltagssituationen, etwa beim Einkaufen, ebenfalls ernsthaft zu fragen: „Was ist Mu?".

Ich versuchte in keiner Situation mehr die Bindung zu Mu zu verlieren, d.h. immer, auch in den unerfreulichsten und peinlichsten Situationen zu wissen, wer ich war.

Besonders auch...

... die Zeit, wenn ich mich abends schlafen legte, nutze ich, um noch am Kôan Mu zu arbeiten.

Dies ist zum Sich-Erforschen zwar nicht so ideal, weil man dabei sehr schnell einschläft, was ja auch der Grund ist, warum Zen-Meister Bassui Tokusho zum Üben auf einen Baum stieg. Wer jedoch einschlafen möchte, damit aber Probleme hat, kann vom Kôan Mu profitieren, weil die Arbeit mit ihm die kreisenden, wachhaltenden nervenden Gedanken unterbindet. Es beendet die Endlosschleife.

Auch...

... möchte ich erwähnen, dass ich anfangs versuchte die Frage „Was ist Mu?" im Geist so deutlich wie möglich zu formulieren, also wie ein Erstklässler, der vom Lehrer an die Tafel gerufen wird und ein Wort in Schönschrift schreibt. Das nahm mit der Zeit immer mehr ab. Die geistige Formulierung, und damit die Form, wurde formlos, d.h. es ging mehr und mehr nur noch um den Impuls hinter der geistig zu formulierenden Frage.

Dies geschah automatisch, lag also in der Arbeit mit dem Kôan Mu selbst begründet, d.h. das Überflüssige, die überlagernde Struktur, fiel ab und das anstrengende Schönzeichnen der Frage im Geist wich der Mühelosigkeit des Impulses, d.h. der Impuls wurde mehr und mehr zur Wiederholung im Sein. Das ist das Fragen, ohne zu fragen. Das Suchen, ohne zu suchen, von dem Zen Meister Fo-yan in folgendem Zitat spricht.

Wenn du suchst, was ist das anderes, als Schall und Form nachzujagen? Wenn du nicht suchst, worin unterscheidest du dich dann von Erde, Holz und Stein? Du musst suchen, ohne zu suchen!

Das Suchen des Ohne, kurzum Mu.

Oder anders ausgedrückt: Das Fragen nach Mu wurde mehr und mehr zur Antwort, die Mu ist, d.h. Mu ist Frage und Antwort.

Man könnte...

... dieses Suchen, ohne zu suchen, auch bezeichnen als ein Streben, das kein Ergebnis sucht.

Nisargadatta Maharaj weist hier daraufhin:

Maharaj: Kämpfen Sie dafür herauszufinden, was Sie in Wirklichkeit sind.
Fragender: In den letzten Jahren habe ich nichts an-

deres getan.

Maharaj: Was ist falsch daran, nach etwas zu stre-
ben? Warum auf Ergebnisse warten? Nach etwas zu
streben ist Ihre wahre Natur.

Fragender: Nach etwas zu streben ist schmerzvoll.

Maharaj: Ihr Wunsch nach einem Ergebnis macht es
schmerzvoll. Streben Sie nach etwas ohne zu suchen,
kämpfen Sie ohne Gier.

Man sollte beim Üben also nicht ständig das Ergebnis, sprich die Erleuchtung, im Sinn haben, sondern einzig an Mu festhalten. Man sollte nicht ständig darauf warten, dass irgendetwas passiert, denn auch dieses Warten ist ein Gedanke, den es loszulassen gilt.

Dieses Streben, das kein Ergebnis sucht, ist ein Streben, das kein Ziel kennt. Das Keine, d.h. Mu, ist damit das Ziel. Das aber heißt: Der Weg ist das Ziel bzw. Mu ist der Weg.

Oder anders ausgedrückt: Tu, was zu tun ist, nämlich an Mu festhalten, der „Rest" geschieht. Wer also all das erkannt hat, was er nicht ist, hat alles getan, was er tun kann.

Es gab...

... vor allem in dieser Anfangszeit schon auch den einen oder anderen Moment, in dem ich dachte, ob es nicht doch ein Problem für mich sei keinen Meister (Guru) zu haben. Schließlich hatte ich mir das Kôan

Mu ja selbst zugewiesen. Konnte das gutgehen? So richtig sicher war ich mir manchmal nicht.

Vor allem hatte ich auch Bedenken an den falschen Meister zu geraten, zumal Yasutani Rôshi bereits 1958 sagt: *„Heute gibt es in ganz Japan wahrscheinlich kaum mehr als zehn echte Meister."* Gerade in dem sensibelsten aller Bereiche kann man keinen gebrauchen, der nicht wirklich weiß und nur verwirrt.

Eine große...

... Ermutigung, ja geradezu eine Erleichterung, war es für mich, als ich dann die folgende Aussage von Nisargadatta Maharaj las:

Der größte Guru ist Ihr inneres Selbst. Es ist wahrhaft der höchste Lehrer. Nur das Selbst allein kann Sie an Ihr Ziel bringen und wird Sie am Ende des Weges erwarten. Vertrauen Sie ihm, und Sie brauchen keinen äußeren Guru.

Mu ist das Selbst.

Ich hatte also keinen Meister als Person, und das brauchte man auch nicht. Mu war mein Meister. Und so machte ich so gut ich konnte mit dem Kôan Mu weiter.

Jeder Mensch besitzt also den Meister in sich. Jeder Mensch ist selbst die Quelle.

Die ersten ..

… Auswirkungen meiner Arbeit mit dem Kôan Mu waren sehr schnell bemerkbar. Ich weiß noch sehr gut, als ich, nur Wochen nachdem ich zum ersten Mal geübt hatte, mit dem Fahrrad unterwegs war und mir Erkenntnisse kamen. „Woher weißt du das denn jetzt?", dachte ich verwundert.

Es war ein Feuerwerk an Kreativität. Aus allen Bereichen des Lebens. Und dies war mir so völlig neu, denn diese Erkenntnisse waren nicht eine Vermittlung von Wissen wie etwa in der Schule, sondern kamen wie aus dem Nichts. Sie kamen aus sich heraus, ohne Grund, es gab keinen Lehrer und keinen Schüler, das Wissen war plötzlich einfach da. In dem Moment wurde mir klar, dass das Kôan Mu ein Instrument zum Erlangen von Weisheit ist.

Wobei...

… Erlangen nicht das richtige Wort ist. Der Mensch erlangt nichts, sondern erkennt nur das, was immer schon war. Er erkennt, dass er selbst Wissen ist.

Dazu auch Nisargadatta Maharaj:

Es ist für dich unmöglich, Wissen zu erlangen. Du bist Wissen. Du bist, wonach du suchst.

Vor allem...

... spukten mir plötzlich ständig die Begriffe „relativ" und „absolut" im Kopf herum. Beide Begriffe hatte ich all mein Leben zuvor doch eher selten verwendet und ausgesprochen.

Auch fiel mir...

... auf, dass ich durch meine Arbeit mit dem Kôan Mu Schriften, vor allem religiöse, philosophische und psychologische, also alles den Menschen Betreffende, besser verstand. Oft war es sogar so, als wüsste ich den Inhalt bereits bevor ich ihn las. Oder es war so ein fast schon gelangweiltes „Ja, ist klar, weiß ich doch. Erzähl mir mal was Neues".

Dies ging auch den großen Meistern so, beispielsweise Nisargadatta Maharaj:

1932 erstand ich zwei Bücher über Philosophie, die mir ein Freund empfohlen hatte. Ich versuchte sie damals zu lesen, doch ich konnte nichts davon verstehen. Also klappte ich sie wieder zu und legte sie beiseite. Mein Guru weihte mich 1934 ein. Zwei Monate, nachdem mich mein Guru eingeweiht hatte, lud mich derselbe Freund zu einem Besuch in sein Dorf ein und schlug vor, zusammen über diese Philosophiebücher zu diskutieren. Ich erläuterte die Bücher völlig spontan, die mir jedoch zu dem Zeitpunkt wie Kinderkram erschienen.

Frage: Wie hast du dir diese Fähigkeit angeeignet?

Maharaj: Das ist wie die Frage, wie ich mir ohne mein Wissen diese menschliche Form angeeignet habe! Es geschah ganz einfach, ich hatte nichts damit zu tun. Die Leute mögen mich preisen oder verdammen, doch ich tat es, ohne mir dessen gewahr zu sein, ohne mich darum zu bemühen, völlig natürlich. Ich habe nie die heiligen Schriften studiert und doch kam das Wissen ganz einfach zu mir.

Vor allem auch...

... die Aussage von Zen-Meister Bassui Tokusho ist erwähnenswert. Er sagt:

Erblickst Du Dein Selbst-Wesen auch nur einen Nu, kommt es dem Lesen und Verstehen aller Sûtras gleich, und auch der kleinste Punkt bleibt nicht ungelesen, und ohne dass Du dabei auch nur ein Sûtra in der Hand hieltest oder ein Schriftzeichen läsest.

Wie auch ich oben beschrieb, ist das Wissen in dem Bemühen Mu zu erkennen, plötzlich einfach da.

Natürlich...

... liegt in dieser Wissensvermittlung, die ohne Lehrer erfolgt, demnach das Ohne, sprich Mu, der Lehrer ist, dass jeder Mensch Zugang zu diesem edlen Wissen

(Gott) hat und dieses nicht einer besonderen Klasse oder einem Zwischenhändler vorenthalten ist, der den Zugang regelt und vorschreibt, wer oder was dieses Wissen zu sein habe. Das Wissen, d.h. die Lehre (Dharma), bleibt damit rein (unverfälscht).

Neben diesen...

... Erkenntnissen um Wissen bemerkte ich durch die Arbeit mit dem Kôan Mu auch körperliche Auswirkungen. In den ersten Wochen des Übens, und auch noch später, sah ich sehr kurze, grelle Lichtblitze, die ich mir nicht erklären konnte.

Von einem Besucher auf diese Lichtblitze angesprochen, erläutert Nisargadatta Maharaj, dass in diesen Momenten *„das gesamte Universum in Licht getaucht"* und der dies Erfahrende *„eins mit Brahman und dem gesamten Universum"* ist.

Manchmal...

... schlossen sich meine Augen ganz fest zu und verkrampften. So fest, dass ich, als es zum ersten Mal geschah, regelrecht erschrak und mich fragte, ob ich sie überhaupt jemals nochmal auf bekomme. Doch dann öffneten sie sich wieder von ganz alleine. Es schien mir als seien meine Augen nach solchen „Anfällen" lebendiger, klarer, gereinigter. Ähnlich war zu dieser Anfangszeit auch eine Art Krampf im Bauchraum, nicht muskulär bedingt, sondern es war, als würde auch in der Bauchhöhle eine Art Reinigung stattfinden, eine Art Platzschaffen, ein Freiwerden. Ich hatte so etwas zuvor noch nie erlebt, das war eindeutig auf meine Arbeit mit dem Kôan Mu zurückzuführen. Diese Krämpfe waren nicht unangenehm, wie etwa die einer muskulären Überlastung, im Gegenteil, sie waren eher so, als würde man eine Spannung los, vielleicht am ehesten vergleichbar mit einem Menschen, der einen Orgasmus erlebt und danach sehr entspannt ist.

Ich fand...

... einen entsprechenden Bericht über Krämpfe auch bei Kapleau. Hier ist die Stelle, die neben den Krämpfen auch eindrucksvoll die Intensität beschreibt, mit der am Kôan Mu gearbeitet werden kann.

aus: Acht Erleuchtungserlebnisse zeitgenössischer Japaner und Menschen des Westens: Herr P. K., Amerikaner, ehemaliger Geschäftsmann, Alter 46

... Der godô (Mönchs-Älteste, Mahner) kommt zurück und schlägt mich wieder und brüllt dabei: „Entschlagen Sie sich aller Gedanken; werden Sie wieder wie ein kleines Kind. Einfach Mu, Mu! direkt von den Eingeweiden her!" - - - Krach, krach, krach! Urplötzlich verliere ich die Gewalt über meinen Körper und, noch bei Bewusstsein, sinke ich in mich zusammen. Der Rôshi und der godô heben mich auf, tragen mich

*auf mein Zimmer und legen mich hin. Ich keuche und zittere noch immer. Der Rôshi blickt mir besorgt ins Gesicht: „In Ordnung? Wünschen Sie einen Arzt?" ... „Nein, ich glaube, es geht schon." ... „Ist Ihnen das früher schon mal passiert?" ... „Nein, nie." ... „Ich gratuliere Ihnen!" ... „Warum, habe ich Satori erlangt?" ... „Nein, aber ich gratuliere Ihnen gleichwohl." Der Rôshi bringt mir einen Krug Tee; ich trinke fünf Tassen. Kaum hat er mich verlassen, spüre ich, wie mit einem Mal meine Arme und Beine und mein Rücken von einer unsichtbaren Kraft gepackt und in einen riesigen Schraubstock eingespannt werden, der mich allmählich zerdrückt ... Elektrischen Schlägen gleich durchzucken mich Schmerzkrämpfe, und ich winde mich vor Qual. Es kommt mir vor, als sei ich erschaffen worden, um für meine und der ganzen Menschheit Sünden zu büßen. Bin ich am Sterben oder werde ich erleuchtet? ... Schweiß rinnt mir aus jeder Pore, und ich muss zweimal mein Unterzeug wechseln. Schließlich falle ich in tiefen Schlaf. Als ich erwachte, fand ich eine Schale Reis, Suppe und Bohnen neben meiner Schlafmatte. Aß heißhungrig, zog mich an, ging ins Zendô. Nie im Leben habe ich mich so leicht, aufgeschlossen und **durchscheinend** gefühlt, so durch und durch gereinigt und ausgespült. Beim Kinhin (Zazen-Gangart) ging ich nicht, sondern hüpfte wie ein Korken auf dem Wasser. Konnte nicht widerstehen, hinauszublicken auf die Bäume und Blumen, lebensvoll, blendend, bebend vor Leben! ... Das Sausen des Windes in den Bäumen ist lieblichste Musik! Wie köstlich der Rauch des Räucherwerks duftet! Später beim Dokusan sagte Harada Rôshi (1871 - 1961):*

„Sie bekamen Krämpfe, weil Sie anfangen, Ihre Ver-
blendung abzuschütteln; *das ist ein gutes Zeichen.*
Aber halten Sie nicht inne, um sich zu beglückwün-
schen. Konzentrieren Sie sich noch energischer auf
Mu."

Übrigens ist der verwendete Begriff „durchscheinend" bereits Hinweis auf die Transzendenz.

Ebenfalls...

... körperlich deutlich wahrnehmbar war die Wärme
in dem Bereich zwischen meinen Augen und in dem
Sonnengeflecht (Solar Plexus).

Hierzu aus: Erleuchtungserlebnis, Frau D. K., kanadi-
sche Hausfrau, Alter 35

Man hatte mir wiederholt gesagt, ich solle meine Auf-
merksamkeit in meine Bauchhöhle, genauer gesagt,
auf die Stelle handbreit unter dem Nabel richten. Je
mehr ich das versuchte, desto weniger verstand ich,
was es mit dieser Bauchhöhle für eine Bewandtnis
habe, was diese Stelle so bedeutsam macht. Der Rôshi
hatte sie Zentrum oder Brennpunkt genannt, aber
das hatte für mich nur philosophische Bedeutung.
Nun sollte ich also mein Bewusstsein in diesen „philo-
sophischen Punkt" verlagern und dabei andauernd
Mu wiederholen... Er (Rôshi) unterwies mich dann,
Mu an der Stelle des Sonnengeflechts zu suchen... Ein
heißer Fleck erschien zwischen meinen Augenbrauen

und vibrierte heftig.

Bereits sechs Wochen...

... nachdem ich begonnen hatte mit dem Kôan Mu zu arbeiten, **erkannte ich Mu.**

Wesentlich früher als ich erwartet hätte (wobei ich allerdings versucht hatte, keine Erwartung zu haben).

Ich hatte wieder meine üblichen 10 Minuten absolviert, und als die Küchenuhr klingelte, erhob ich mich wie immer von meiner kleinen Decke, und mein Blick fiel zufällig auf meine in der Ecke stehende Stereoanlage, und ich bemerkte, dass ich die Stereoanlage bin. Da wusste ich, dass ich Mu, wenn auch nur für einen kurzen Moment, erkannt hatte. Es war eine Wahrnehmung, wie ich sie noch nie zuvor erlebt hatte, und ich war ziemlich aufgeregt.

Mir...

... fiel dann der Dialog zwischen Yasutani Rôshi und einem Schüler ein, und ich nahm mir sofort Kapleaus Buch, suchte die Stelle und las sie nach, hier ist sie:

Schüler (aufgeregt): Ich weiß, was Mu ist! In einer Situation ist dies Mu (er hebt den Meisterstab des Rôshi auf). In einer anderen würde dies Mu sein (er nimmt etwas anderes auf). Etwas anderes weiß ich nicht.

Rôshi: Das ist nicht so schlecht. Wenn Sie wirklich wüssten, was Sie mit „Ich weiß nicht" meinen, dann wäre Ihre Antwort sogar noch besser ...

Schüler: ... Ich weiß nur, dass ich manchmal spüre, ich bin dieser Stock, und manchmal, dass ich etwas anderes bin - ich weiß nicht, was.

Rôshi: Sie haben es beinahe erreicht. Lassen Sie jetzt nicht nach - tun Sie Ihr Äußerstes.

Ich war sehr froh darüber, dass ich dieses Einssein mit der Stereoanlage erfahren hatte. Diese faszinierende Wahrnehmung zeigte mir, dass ich mit dem Kôan Mu korrekt gearbeitet hatte, dass das Kôan Mu „funktionierte" und ich auf dem richtigen Weg war, dem Weg der Mitte. Dem Weg also, der weder Ja noch Nein und doch beides war.

War ich damit...

... dann fertig und hatte das Kôan Mu gelöst?

Ich würde es so ausdrücken: Es war das erste kurze Erkennen der Illusion, das erste Durchschauen der Phänomene, das erste Erblicken der Spuren des Ochsen[5].

---

5 Siehe Zen-Meister Kakuan Shien (12. Jahrhundert): Die zehn Ochsenbilder, sie geben die verschiedenen Ebenen der Erleuchtung wieder. Wahrscheinlich wurde der Ochse auf Grund seiner im alten Indien geheiligten Natur dazu ausersehen, das Urwesen

Zum ersten Mal in meinem Leben hatte ich wahrgenommen, dass das, was ich dachte, was ist, nicht das ist, was wirklich ist. Dass die Dinge nicht das sind, was sie zu sein scheinen.

Ich hatte zum ersten Mal die Wirklichkeit (Wahrheit) wahrgenommen. Ich hatte zum ersten Mal wahrgenommen, dass ich mit den Dingen eins bin, dass ich von ihnen nicht getrennt bin. Dass es kein Subjekt und kein Objekt gibt, kein ich hier, dort die Stereoanlage. Ich hatte zum ersten Mal wahrgenommen, dass die Gegensätze für einen kurzen Moment aufgehoben waren. Ich hatte zum ersten Mal die Transzendenz wahrgenommen, meine Verschmelzung mit der Stereoanlage. Für einen kurzen Moment war die Stereoanlage mein Ich. Ich hatte zum ersten Mal erkannt, dass da nichts ist, auch keine Stereoanlage, und auch ich nicht bin.

Noch einmal Herr P. K.:

Urplötzlich verschwanden der Rôshi, der Raum, jedes einzelne Ding in einem blendenden Strom von Licht, und ich hatte das Gefühl, in unaussprechlich köstlichem Entzücken gebadet zu werden... Für eine flüchtige Ewigkeit war ich allein - ich allein war... Dann schwamm der Rôshi in meinen Blick. Unsere Augen trafen sich, und wir brachen in Lachen aus... „Ich habe es! Ich weiß es! Da ist nichts, absolut nichts. Ich bin alles, und alles ist nichts!" rief ich aus, mehr

---

oder den Buddha-Geist des Menschen zu symbolisieren.

zu mir selbst als zum Rôshi sprechend, stand auf und ging hinaus... Kehrte zur Haupthalle zurück ... Als ich auf meinen Platz schlüpfte, kam Großmutter Yamaguchi, unser zweiter godô, auf den Fußspitzen zu mir herüber und flüsterte mit leuchtenden Augen: „Wunderbar, nicht wahr? Ich freue mich so für Sie!..." Ich nahm Zazen wieder auf, lachte, schluchzte und murmelte vor mich hin: „Es stand die ganze Zeit vor mir, aber ich brauchte fünf Jahre, um es zu sehen."

Sollte ich...

... dieses erste Erkennen von Mu bereits Erleuchtung (Satori, Kensho) nennen? Ich war da sehr zurückhaltend, zumal Erleuchtung so ein großes Wort ist. Mir wäre es unangenehm gewesen mich als erleuchtet zu bezeichnen. Andererseits war dieser kurze Moment, den ich mit der Stereoanlage hatte, eine tolle Erfahrung und keineswegs zu verachten.

Ich hatte in Kapleaus Buch aber auch gelesen, dass es in der Tiefe des Erkennens von Mu durchaus Unterschiede gibt, sodass ich mir damals sagte: Ich bin nicht fertig, sondern jetzt beginnt es erst so richtig. Mu kann und sollte noch tiefer erkannt werden.

Aber noch...

... ein Wort zur obigen Aussage, dass die Welt nicht besteht. Ungeheuerlich, nicht wahr? Doch auch Herr

P. K. sagt: *„Da ist nichts."* Und, um nochmals auf die obige Aussage Ramana Maharshis zurück zu kommen, auch er sagt, dass die „Welt verschwindet".

Worum geht es?

Es geht darum, dass der Mensch die Welt als Illusion erkennt.

So sagt Zen-Meister Han-shan (1546 – 1623):

„... Er (der Zen-Schüler) sollte auf die Welt wie auf eine Sinnestäuschung blicken. Was er sieht, sind Luftspiegelungen, Bilder gleich dem Mond, der sich im klaren Wasser spiegelt. Die Töne, die er hört, sind Lieder des Windes, der durch die Bäume bläst. Er sollte alle Erscheinungen wie Wolken sehen, die am Himmel vorüberziehen - vergänglich und unwirklich wie im Traum. Nicht nur die äußere Welt, sondern alle gewohnten Gedanken, die Leidenschaften, alle Wirrnisse und Begierden unseres Geistes sind gleichermaßen ohne Substanz, nicht wirklich, sondern wurzellos und fließend".

Dennoch muss sich der Mensch in der Welt, auch wenn sie Illusion ist, zurechtfinden. Dies gelingt ihm aber am besten, wenn er die Illusion als Illusion erkennt, d.h. die Welt nicht mit der Wirklichkeit, der Realität, verwechselt. Gerade in ernsten Situation neigen wir dazu die Welt nicht mehr als Illusion zu erkennen und unsere Gelassenheit zu verlieren und die Situation dadurch zu verschlimmern. Solange wir noch an der Welt anhaften, können wir der Welt nicht helfen.

Dazu Nisargadatta Maharaj:

Wenn Sie von der Welt frei sind, dann können Sie etwa für sie tun. Solange Sie ihr Gefangener sind, sind Sie hilflos und können nichts verändern. Im Gegenteil: was immer Sie tun, wird die Lage nur noch verschlimmern.

Aber besteht dann nicht die Gefahr, dass jemand sagt: „Na, wenn die Welt eh nur Illusion ist, dann kann ich ja machen, was ich will. Lebewesen töten, die Umwelt verschmutzen etc. Dann kann ich ja voll die Sau rauslassen."

Ich würde dem entgegnen: Wenn der Mensch die Welt als Illusion erkennt, will er sie und alles Leben bewahren, denn er erkennt dann auch, dass er die Welt ist. Er nimmt sich dann nicht mehr getrennt von ihr wahr und sie wird zu seinem ureigensten Anliegen. Dieses Bewusstsein für die Welt ist der beste Umweltschutz. Einer, der nicht verordnet ist, sondern aus sich heraus geschieht.

Die Welt...

... ist also nur ein Gedanke. Die Welt besteht nur geistig.

Dazu der große Ramana Maharshi:

M.: »Begegne ihnen sofort mit derselben Frage: ›Wer bin ich?‹«

F.: »Soll ich das beim Auftauchen eines jeden Gedanken tun? **Ist denn die Welt nur ein Gedanke?«**

M.: »Überlass diese Frage der Welt. Soll sie fragen: ›Wie bin ich ins Dasein gekommen?‹«

F.: »Meinst du damit, dass sie mich nicht betrifft?«

M.: »Im Tiefschlaf wird nichts wahrgenommen. Erst nach dem Aufwachen siehst du das alles. Erst wenn Gedanken entstanden sind, tritt die Welt ins Dasein. **Was kann sie demnach anderes sein als ein Gedanke?«**

Sehr interessant...

... ist auch, was Nisargadatta Maharaj dazu sagt:

„Was beginnt und endet ist bloße Erscheinung. Über die Welt kann gesagt werden, dass sie erscheint. Nicht aber, dass sie ist."

Und sehr schön...

... auch die Aussage aus dem Tibetischen Zen-Buddhismus, und zwar von dem Mahamudra-Meister Garmapa III. (1284 – 1339):

„Nichts ist wirklich!" denn selbst Buddha sah nichts wahrhaft Seiendes.

Durch die...

... Erkenntnis, dass die Welt Illusion ist, wird der Mu-Suchende, d.h. der um Selbsterkenntnis Bemühte, selbstverständlich einen völlig anderen Bezug zur Welt bekommen. Er wird die Welt in einem völlig anderen Licht sehen. Beispielsweise wird er aufhören in der Welt, d.h. in den Formen, den Phänomenen, Glück zu suchen.

Letzteres wird er in der Welt nicht finden und diese Erwartungshaltung aufgeben. Um es aber zu finden, muss er über die Welt, d.h. sein Ich, hinausgehen. Genau das ermöglicht ihm die Arbeit mit dem Kôan Mu. Sie ist also der Weg zum Glück.

Auch bei...

... mir „purzelte", seit ich durch meine Arbeit mit dem Kôan Mu den weglosen Weg betreten hatte, eine Ansicht nach der anderen. Sehr, sehr vieles, musste ich revidieren. Auch wer Gott war. Mir war zunächst nämlich überhaupt nicht klar, dass Mu Gott ist.

Als ich mit dem Kôan Mu begann, dachte ich zunächst, Mu sei eine Art buddhistisch exotischer Begriff, vielleicht so wie das indische Om. Klar wurde es mir erst aufgrund der Erkenntnisse, die sich durch meine Arbeit mit dem Kôan Mu einstellten, da dachte ich dann eines Tages: „Moment mal, dann ist Mu ja Gott."

Aus: Erleuchtungserlebnis, Frau L. T. S., amerikanische Künstlerin, Alter 51

Der Rôshi sagte: „Jetzt begreifen Sie, dass Mu sehen - Gott sehen ist." Ich begriff.

Die Frage „Was ist Mu?" ist also nicht nur die Frage „Wer bin ich?", sondern auch die Frage „Wer ist Gott?". Die Frage ist damit die Frage der Selbst- und Gotteserkenntnis.

Durch die...

... Erkenntnis, dass Mu Gott ist, bemerkte ich, dass Gott ein anderer ist, als man mir in meinem Leben vor dem Kôan Mu, etwa in Schule, Kirche, Familie oder Gesellschaft, weismachen wollte.

Ein Jahr bevor ich mit dem Kôan Mu begann, hatte ich mich gegenüber anderen Menschen noch als Atheist bezeichnet, doch nun glaubte ich an Gott, weil ich mich mit meinen eigenen Augen überzeugt hatte.

Wobei „glauben" nicht das richtige Wort ist. Vielmehr war mein Sein nun der Glauben, d.h. der Glaube war durch Gott ersetzt worden. Damit aber wurde ich glaubenslos.

Anders ausgedrückt: Als Atheist war ich relativ gottlos, nun bin ich absolut gottlos, d.h. Gott ist überwunden und die Überwindung ist Gott. Oder so: Ich habe mich von Gott befreit, doch die Freiheit ist Gott.

Mich als Atheist zu bezeichnen, war damit lediglich Ausdruck meiner Unzufriedenheit mit dem, was man mir erzählt hatte, wer oder was Gott angeblich sei.

Eckhart Tolle schrieb in seinem Buch:

Wenn du vom Sein sprichst, meinst du dann Gott? Wenn ja, warum sagst du es nicht?

Das Wort Gott hat seine Bedeutung in tausenden von Jahren, in denen es missbraucht wurde, verloren. Manchmal benutze ich es, aber eher sparsam. Mit Missbrauch meine ich hier, dass Menschen, die nicht einmal einen flüchtigen Einblick in den Bereich des Heiligen, in die unendliche Weite hinter diesem Wort hatten, es mit großer Überzeugung benutzen, als wüssten sie, wovon sie reden. Oder sie argumentieren dagegen, als wüssten sie, was sie da ablehnen.

Ich kann mich darin klar wieder erkennen. Auch mir ging es so. Als ich mich als Atheist bezeichnete, wusste ich gar nicht, was ich damit ablehne. Hätte ich es gewusst, hätte ich Gott niemals abgelehnt, sondern mich vor ihm verbeugt. Nicht aus Unterwerfung, sondern aus Einsicht. Wer Gott erkennt, kann nicht anders. Gott braucht damit keine relative Macht, um Gott zu sein, d.h. Gottes Macht beruht auf Gott.

Um das Falsche...

... loszulassen, sollte man also alles hinterfragen. Gerade auch das Liebgewordene.

Der Mathematiker Georg Christoph Lichtenberg (1742 – 1799) drückt es bestens aus:

Was jedermann für ausgemacht hält, verdient am meisten untersucht zu werden.

Und man sollte da wirklich in den Bereich des abstrus Anmutenden vordringen. Nisargadatta Maharaj empfiehlt den Augenmerk zu legen auf:

Ich bitte Sie nur, die Vorstellung aufzugeben, dass Sie geboren wurden, dass Sie Eltern haben, einen Körper haben, dass Sie sterben werden und so weiter.

Dinge, bei denen man sich zunächst fragt, ob er noch alle Tassen im Schrank hat. Doch wer die Erleuchtung erreicht, wird erkennen, dass Nisargadatta Maharajs Empfehlung völlig Sinn macht.

Ich übte in den folgenden...

... Monaten und Jahren weiter mit dem Kôan Mu. Mu vertiefte sich und änderte meine Wahrnehmung. Dabei ergaben sich „Plateaus".

So sah ich eine Zeit lang in dem Gesicht jedes Menschen, dem ich begegnete, mein Gesicht, sodass ich nur mir begegnete und es niemand anderen gab. Dann schwächte sich diese Wahrnehmung wieder etwas ab.

Dann war es eine Zeit lang so, als würde ich beim Gehen auf der Stelle treten und sich die Welt um mich herum bewegen. Dann schwächte sich auch diese Wahrnehmung wieder etwas ab.

Dann war es eine Zeit lang so, dass ich völlig durchlässig (transparent) war und die Autos auf der Straße durch mich hindurch fuhren. Alles, was auf der Welt geschah, fand nur in mir statt. Dann schwächte sich auch diese Wahrnehmung wieder etwas ab.

Dann war es war eine Zeit lang so, dass alle Gebilde, Häuser, Straßen etc., wie von einem Projektor an eine Leinwand geworfen waren und ich meine Hand durch das Projektorlicht streifen konnte. Das war atemberaubend. Meine Hand berührte den Himmel, strich durch die Gebäude, durch die Straßen, alle Dinge waren nur noch projiziertes Licht, und es gab keinen Sehenden, denn ich war der Himmel, die Gebäude und die Straßen. Sie alle, d.h. ich, sahen sich selbst, der

Projektor war selbst die Leinwand. Ich sah die Straße aus der Sicht der Straße. Aus ihrem ureigenen Blickwinkel. Ich war außenstehend und dennoch mittendrin. Ich konnte beobachten, ohne anwesend zu sein und war dabei so groß wie das Größte und so klein wie das Kleinste. Das war äußerst faszinierend. Dann schwächte sich auch diese Wahrnehmung wieder etwas ab.

Äußerst interessant...

... war auch meine Wahrnehmung der Transzendenz, die, nachdem ich sie bei meiner Stereoanlage nur kurz erfahren hatte, nun dauerhaft bestehen blieb. Ging ich beispielsweise in ein Einkaufszentrum, etwa zu dem Regal mit den Konserven, dann war ich das Regal mit den Konserven, ging ich zu dem Regal mit den Getränken, dann war ich das Regal mit den Getränken. Verließ ich das Einkaufszentrum, war ich der Ausgang und die vor mir liegende Straße. Was hinter mir war, wurde sofort ausgelöscht. Ich trug nur noch den Moment mit, nicht mehr die Erinnerung.

Bei all diesen...

... Wahrnehmungen dachte ich immer: „Wieso hast du das denn nicht früher schon gesehen, wo hattest du nur deine Augen?" Aber tatsächlich muss es lauten: „Wo hattest du nur deinen Geist?", d.h. mein Geist war früher nicht frei, sondern gefesselt durch das, was ich dachte, das sei, während das, was ist, nun war, was ich dachte, ich also gedankenlos (ichlos) war, d.h. mein Ich die Dinge nicht mehr verfälschte. Ich sah nun nicht mehr durch den Schleier meines Egos.

Oder wie Nisargadatta Maharaj es ausdrückt:

Fragender: Wenn mein wahres Wesen immer bei mir ist, wieso bin ich mir dann dessen nicht bewusst? Maharaj: Weil es sehr subtil ist und Ihr Verstand sehr grob, voller aufdringlicher Gedanken und Gefühle. Befrieden und reinigen Sie Ihren Verstand, und Sie werden sich so kennen lernen, wie Sie wirklich sind.

Meine tiefste...

... Erfahrung mit dem Kôan Mu machte ich schließlich als ich 2015 meine bis dahin gemachten Erfahrungen bereits in einem Buch veröffentlicht hatte.

Ein Jahr später gelang es mir etwas zu erfahren, bei dem ich mich nicht mehr scheute es Erleuchtung zu nennen. Leider hielt dieser Zustand, den man, weil er nicht konditioniert ist, nicht Zustand nennen kann, nur zwei Tage an. Dann kam mein Ego teilweise wieder zurück. Dennoch war ich mit der kurzen Erfahrung von Satori überglücklich.

Was war geschehen?

Aus Gründen, die zu schildern hier zu weit führen würden, bekam ich eine Nachricht, die mich unter starken Stress setzte. Ich hatte in meinem Leben schon einige schwierige Dinge erlebt und, vor allem auch durch Zen, immer irgendwie eine Lösung gefunden, doch dieses Mal saß ich ziemlich in der Klemme. Die Umstände, in denen ich mich plötzlich wiederfand, waren mehr als mies. Ich bemerkte schnell, meine bis dahin gemachten Erfahrungen mit Zen hielten der Schwere meines Problems nicht stand. Ich litt sehr und konnte nur dank dem Kôan Mu überhaupt noch einschlafen, wachte dann aber spät in der Nacht schweißgebadet auf.

Vor allem belastete mich, dass eine Lösung nicht mehr in meinen Händen zu liegen schien, sondern abhängig war vom Wohlwollen anderer. Mir blieb nichts anderes als mich mit der Unsicherheit, dem nicht zu wissen, ob die Situation irgendwie akzeptabel für mich ausgehen würde, anzufreunden. Demnach zu versuchen auch mit der Unsicherheit eins zu sein.

Jedenfalls führte diese starke Verunsicherung dazu, dass ich mehr und intensiver mit dem Kôan Mu übte. Mir war klar geworden, dass ich nun alle Weisheit brauchen würde, um die schwierige Situation zu bestehen. Ich brauchte völlige geistige Klarheit. Ich brauchte Satori. Und zwar so schnell wie möglich.

Sofort verlängerte ich meine Übungszeit mit dem Kôan Mu auf tägliche 90 Minuten. Doch es war nicht nur diese zeitliche Verlängerung, die Auswirkungen hatte, sondern vor allem das durch das Leid ausgelöste intensivere Streben nach Mu. Ich drang tiefer in Mu vor als je zuvor.

Meines Wissens gibt...

... es verschiedene Strömungen im Zen-Buddhismus. Eine, die auf den Schüler durchaus Druck ausübt, etwa durch den sog. Mahner, der den Schüler mit dem Mahnerstab, dem Kyosaku, während der Arbeit mit dem Kôan schlägt, damit dieser intensiver nach Mu sucht. Oben eindrucksvoll von Philip Kapleau beschrieben. Und eine andere, die auf solche Druckmittel verzichtet und eher auf Geduld setzt und den Schüler langsam „reifen" lässt.

Ich kann nicht beurteilen, welche Linie eher Satori ermöglicht. Ich denke, ich gehöre eher zu den Menschen, die langsam reifen müssen, aber ich kann auch nicht leugnen, dass das Leid, in dem ich mich durch die schwierige Lebenssituation befand, eine starke Triebfeder war, die mir half in Satori „reinzuschnuppern".

Leid hat also durchaus seine Berechtigung im menschlichen Leben und sollte nicht verteufelt werden. So ändert der Mensch, sofern er etwas ändern sollte, meist nichts, solange er nicht leidet. Außerdem bleibt sein Bewusstsein oft nur an der Oberfläche und erst das Leid gibt dem Leben eine gewisse Tiefe. Auch Eckhart Tolle schildert, dass es das jahrelange Leid war, das ihn regelrecht in Satori „hineinzog" und alles für ihn änderte. Im Grunde ist Buddhismus nichts anderes als der konstruktive Umgang mit Leid. Der bessere Umgang.

Ja, man sollte es gerade zu nutzen, um spirituell voranzukommen.

Tatsächlich führt...

... das Leid irgendwann dazu, dass man sich die Schöpfung genauer ansieht und erkennt, dass es gar kein Leid gibt. Doch Vorsicht. Die Aussage, dass es kein Leid gibt, darf nur tätigen, wer sich des Leides in der Welt voll bewusst ist. Ansonsten wäre eine solche Aussage ignorant und würde die Leidenden verhöhnen.

Hierzu Ramana Maharshi im Dialog mit einem Fragendem, einem Yogi.

Aus „Talks":

F.: »Warum lässt Gott Leiden in der Welt zu? Könnte Er es nicht durch seine Allmacht mit einem Schlag beseitigen und bestimmen, dass alle Gott verwirklichen?«
M.: »Leiden ist der Weg, um Gott zu verwirklichen.«
F.: »Könnte Er es nicht anders bestimmen?«
M.: »Es ist der Weg.«
F.: »Sind Yoga, Religion usw. Mittel gegen das Leid?«

M.: »Sie helfen dir, es zu überwinden.«
F.: »Warum muss es überhaupt Leiden geben?«
M.: »Wer leidet? Was ist Leiden?«

Interessant dazu...

... auch Nisargadatta Maharaj:

Fragender: Wie gleichgültig Sie sind. Alle Sorgen dieser Welt sind für Sie als seien sie nichts.
Maharaj: Ich bin mir ihrer Schwierigkeiten gänzlich bewusst.

Oder auch Ramana Maharshi:

Ein bekannter Devotee meinte: »Sri Bhagavan scheint in allen Situationen immer so unberührt zu sein. Dabei ist er immer liebend und gnädig.«

Unberührt zu sein und doch barmherzig, ist sehr wichtig. Warum auch unberührt? Reicht denn nicht schon die Barmherzigkeit? Ich erinnere mich an meine verstorbene Mutter, die ein herzensguter Mensch war. Jedem hätte sie gerne geholfen, doch sie selbst war, wenn dann jemand bei ihr Hilfe suchte, von dem Leid des Hilfesuchenden meist so berührt, so geschockt, so sehr getroffen, dass sie nicht stand hielt und damit nicht helfen konnte. Nur wer selbst keine Hilfe braucht und alles ertragen kann, indem er nichts mitträgt, kann helfen. Nur wer vom Leid unberührt ist, und dabei dennoch barmherzig, d.h. Härte und

Weichheit in sich vereint, kann helfen. Und auch für den Hilfesuchenden ist es wichtig zu wissen, ich kann den, bei dem ich Hilfe suche, auch belasten, ohne dass dieser gleich zusammenbricht. Kein wirklich Hilfesuchender möchte noch mehr Bedarf an Hilfe erzeugen und jemandem zu Last fallen.

Der richtige...

... Umgang mit Leid gelingt, wenn der Mensch Leid und Vergnügen gegenüber indifferent ist, d.h. er weder an Leid noch Vergnügen anhaftet. Er quasi beides, wenn es auftritt, widerstandslos durch sich hindurch lässt.

Hierzu auch Nisargadatta Maharaj:

Mich besorgt nichts. Ich biete den Sorgen keinen Widerstand - daher verweilen sie auch nicht in mir.

Der Mensch wehrt sich nicht gegen das Leid, und er wehrt sich nicht gegen das Vergnügen. Er nimmt beides, wie es kommt und ist damit wie eine Drehtür, wie ein Fähnchen im Wind. Er steht der natürlichen Harmonie der Gegensätze, die man auch Yin und Yang nennen könnte, nicht im Wege. Er greift nicht mehr ein (chin. wu wei).

Oder anders ausgedrückt: Was kommt kommt, was geht geht, und erst dieses freie Kommen und Gehen ermöglicht das Bleiben, etwa in einer Beziehung.

Diese Indifferenz, diese...

… Überwindung von Leid und Vergnügen, gelingt umso mehr der Mensch kein Ego mehr besitzt. Was also Widerstand leistet, ist immer nur das Ego.

Man...

… könnte diese Indifferenz auch Gleichmut nennen.

Dazu Ramana Maharshi:

F.: »Uns wurde gesagt, dass wir allem gegenüber gleichmütig sein sollen, was nur möglich ist, wenn die Welt unwirklich ist.«

M.: »Ja, es wird Gleichmut empfohlen. Es heißt: ›Gleichmut ist wünschenswert. Aber was ist damit gemeint? Dass weder Liebe noch Hass vorhanden sind. Wenn du das Selbst verwirklichst, auf dem die Phänomene vorbeiziehen, wirst du sie dann lieben oder hassen? **Das ist mit Indifferenz gemeint.«**

In Satori, das ja der Tod des Egos ist, ist diese Indifferenz also keinerlei Problem.

Solange der...

... Mensch aber noch ein Ego besitzt, ist es sehr hilfreich die folgende Aussage von Eckhart Tolle zu beherzigen.

Was immer der gegenwärtige Moment enthält, nimm es an, als hättest du es selber so ausgesucht. Gehe mit, gehe nicht dagegen an.

Als spirituelle Übung ist dies sehr sinnvoll. Wer aber bereits in Satori ist, braucht sie nicht mehr, denn er steht zu nichts mehr im Gegensatz. Er ist das andere.

In Satori ist Tolles Aufforderung also keine Haltung, die man willentlich einnimmt, sondern man ist einfach so. Doch diese Übung strebt so zu sein an. Und darum geht es.

Diese Übung...

... ist also sehr sinnvoll, weil durch sie eine sehr gute Auflösung der vorhandenen Konditionierung stattfindet. Eine, die hilft Leid nicht abzuweisen, sondern anzunehmen. Wir alle sind mehr oder weniger darauf konditioniert Leid zu meiden.

Aber welcher Mensch kann, wenn er plötzlich zum Chef gerufen und ihm mitgeteilt wird, dass er entlassen ist, Tolles Aufforderung folgen? Wer kann dann sagen, ich habe mir diesen Moment, der mir meine Entlassung mitteilt, selber so ausgesucht? Selber so gewünscht? Wer kann, wenn die Freundin gerade Schluss gemacht hat, sagen, ich stehe nicht im Gegensatz zu diesem Moment, sondern betrachte ihn als habe ich ihn so gewählt? Wer kann, wenn er gerade aus der Bäckerei kommt und sieht, dass sein teures Fahrrad gestohlen wurde, diese Haltung annehmen? Wer kann, wenn er vom Tod eines Bekannten hört, reagieren wie Ramana Maharshi?

Jemand brachte Bhagavan die Nachricht vom Tod eines Bekannten. Er sagte: »*Gut. Die Toten sind wirklich glücklich. Sie sind die lästige Überwucherung – den Körper – los.*

Wer kann eine Krebsdiagnose entgegennehmen wie Nisargadatta Maharaj?

14. Mai. 1980

Maharaj: Ärzte haben diesen Körper als krebskrank diagnostiziert. Wäre bei solch einer ernsten Diagnose irgendwer sonst so freudvoll wie ich?

Wer kann ans Kreuz geschlagen sein und dennoch verzeihen?

Wer kann Leid annehmen, wer kann Leid bedingungslos akzeptieren und damit das Leid beenden?

Wer kann sagen: „Es macht mir nichts aus, wenn ich leide", eine großartige Aussage, auf die ich übrigens durch Eckhart Tolle kam. Eine, die quasi sagt: Ich leide nicht, wenn ich leide.

Im Buddhismus...

... oder besser ausgedrückt, im Sein, geht es also, wie bereits erwähnt, um einen völlig anderen Umgang mit Vergnügen und Leid. Mit gut und schlecht (böse). Die meisten Menschen sind gut drauf, wenn es ihnen gut geht, aber gut drauf zu sein, wenn es einem schlecht geht, das schaffen die wenigsten.

Mir ging es da nicht anders.

Aber als ich einmal erkannte, dass Glück nicht mit Vergnügen gleichzusetzen ist, ja, dass es von den Bedingungen sogar gänzlich unabhängig ist, d.h. der Mensch in guten wie schlechten Zeiten glücklich sein kann, verlor ich die starke Konditionierung (Bindung), dass ich nur glücklich bin und lache, wenn mir etwas Vergnügen bereitet, ich beispielsweise, wie ein Kind, das von der Oma eine Tafel Schokolade bekommt, belohnt werde. Oder ich nur zu den Menschen freundlich bin, von denen ich mir einen Vorteil erhoffe, sie also lediglich ihrem Nutzen für mich nach bewerte. Hier beginnt auch die Demut, d.h. nicht nur dankbar zu sein, wenn ich etwas bekomme, sondern dankbar zu sein, einfach nur, weil ich bin.

Es bedarf also keines Grundes glücklich zu sein. Glück ist, wie bereits erwähnt, unabhängig von den Umständen. Es ist grundlos, es ist unbedingt, es ist unverursacht.

Dazu Nisargadatta Maharaj:

Sie glauben dass es ohne Grund keine Glückseligkeit geben kann. Aber ein Glück, das von etwas abhängig ist, bedeutet für mich absolutes Elend. Freude und Leid haben Ursachen, während mein Zustand mir eigen ist, völlig ohne Ursachen, unabhängig, unantastbar.

Wo also ist...

... das Lachen, wenn man das Lachen verloren hat? Es ist immer da, lediglich vom Ego verdeckt. Und dieses Lachen ist nicht gekünstelt, sondern echt. Es ist nicht aufgesetzt, es ist nicht verordnet wie bei einer Stewardess, sondern geschieht aus sich heraus. Tatsächlich ist es ein Lachen, das von den Gesichtszügen unabhängig ist, es ist eher ein Strahlen jenseits des Körperlichen.

Zurück zu...

... meinem durch Leid angetriebenen Suchen nach Mu.

Die Tage vergingen, ich tat, so gut ich konnte, was ich in meiner Situation für notwendig hielt, doch eine Besserung der Umstände war nicht in Sicht und mir tat von den vielen sorgenvollen Gedanken bereits der Kopf weh. Ja, mein Verstand schien fast schon durchzudrehen. Unaufhörlich suchte er nach einer Lösung, die es aber nicht zu geben schien, was ja durchaus

Ähnlichkeit mit der Arbeit am Kôan Mu hat. Auch das Kôan Mu besitzt keine Lösung, d.h. das Keine ist die Lösung, und will so den Verstand zermürben und zur Aufgabe bringen. Der Unterschied lag aber darin, dass die Vernichtung (Auflösung) des Verstandes durch das Kôan Mu die Heilung war und die Vernichtung durch die Sorgen einen irre machte. Erstere einte, letztere entzweite. Den Verstand zu verlieren, durfte nur ersteres sein.

Mir half...

... in diesem angeschlagenen Zustand vor allem auch der folgende Wortwechsel mit Nisargadatta Maharaj:

Fragender: Was Sie sagen, leuchtet mir ein. Doch wenn ich physische oder mentale Probleme habe, wird mein Verstand schwerfällig und vernebelt oder sucht fieberhaft nach Erleichterung.
Maharaj: Was macht das schon? Es ist der Verstand, der schwerfällig oder unruhig ist, nicht Sie.

So ist es.

Ich sagte mir: „Soll mein Verstand doch durchdrehen, so viel er will." Es war ja nicht ich, der durchdrehte.

Doch ganz so einfach, wie in dem Satz ausgedrückt, war es für mich dann doch nicht. Klar wusste ich längst, dass ich nicht der Verstand (Ego) bin, aber in schwierigen Situationen fällt es einem sehr viel schwerer sich daran zu erinnern, d.h. dies auch wirklich so wahrzunehmen. Ich wusste es also doch nicht in der notwendigen belastbaren Tiefe.

Dennoch hatte ich, indem ich mir das immer wieder auch ins Gedächtnis rief, erreicht, dass ich wenigstens etwas Raum (Leere) zwischen mich und den Verstand geschaffen hatte. Dadurch stand ich dem Durchdrehen des Verstandes nicht mehr so sehr im Wege und es gab weniger Reibung, die Situation war damit weniger nervenaufreibend.

Jedenfalls...

... wollte ich es jetzt wissen. War Zen von Wert oder nicht? Hielt Zen auch den schwierigsten Momenten des Lebens stand? War Zen wirklich unbedingt, d.h. nicht an die Umstände gebunden? Stand das (reine) Sein wirklich über den Dingen, genau so wie über den Wolken immer nur die Sonne scheint?

Ich setzte mich seitlich mit geradem Rücken auf mein Bett, die Beine auf den Boden gestellt. Warum nicht wieder in den Schneidersitz? Nach wie vor hatte ich durch jahrelanges Krafttraining muskuläre Probleme, vor allem in den Beinen, und wollte im Kampf mit meinem Ego nicht auch noch sie als Gegner. Und ich möchte jeden ermutigen, nicht nur deshalb nicht nach Mu zu suchen, weil er den Lotussitz nicht kann oder sonst wie körperlich beeinträchtigt ist. Auch Kapleau berichtet, wie ihm, selbst im formellen Zen-

Kloster unter dem sehr strengen Abt Harada Rôshi, ein Stuhl hingestellt wird, damit er besser am Kôan Mu arbeiten kann.

4. Dezember Mein Gott, mein Buddha, ein Stuhl steht auf meinem Platz! Ich bin so dankbar! ... Der Rôshi kam und flüsterte mir zu: «HARADA Rôshi hat dem Mönchs-Ältesten befohlen, Ihnen einen Stuhl hinzustellen, da er meinte, dass Sie niemals Satori erreichen würden, wenn Sie mit gebeugtem Rücken dasitzen und dauernd Ihre Stellung verändern. Jetzt haben Sie keine Hindernisse mehr, also konzentrieren Sie sich von ganzem Herzen und mit ganzer Seele auf Mu.» ...

Ich saß...

... also wie beschrieben auf dem Bettrand, die Augen wie immer offen, ohne aber dabei etwas bestimmtes im Zimmer anzusehen. Meist schlossen sie sich nach einigen Minuten von selbst, was ich ebenfalls zuließ. Mir war klar, mit geschlossenen Augen wird der Geist nicht so sehr durch die Objekte beeinträchtigt und es ist leichter ins Sein vorzudringen.

Dann gings los. Mit aller Kraft stürzte ich mich auf das Kôan Mu.

Was ist Mu? Was ist Mu? Mu Mu Mu Mu Was ist Mu? (irgendein Gedanke kam, Frage verloren, zurück zur Frage) Was ist Mu? Was ist Mu? Was ist Mu? (irgend-

*ein Gedanke kam, Frage verloren, zurück zur Frage)
etc.*

*Ich drang tiefer ins Sein vor. Die Unterbrechungen
wurden geringer. Die Augen waren zugefallen.*

*Irgendwann kamen keine „üblichen" Gedanken mehr.
Dennoch löschte ich weiter alles aus. Aber was war
da noch? Da war noch mein Körper.*

*Was ist Mu? Was ist Mu? (ich fühle meine Nase, Fra-
ge verloren, zurück zur Frage) Was ist Mu? Was ist
Mu? Mu Mu Was ist Mu? (fühle, da ist auch mein
Mund, Frage verloren, zurück zur Frage) Was ist Mu?
(fühle, da sind noch die Beine, und auch mein Bauch,
mein Rücken, die Schulter) Was ist Mu? etc.*

*Irgendwann war dann auch der Körper (der ja eben-
falls nur Gedanke ist) völlig weg. Ich mu-te dennoch
weiter. Immer tiefer.*

*Ich sitze also weiterhin da, noch immer auf dem Bett-
rand, obwohl man das Sitzen nun nicht mehr Sitzen
nennen kann. Das Sitzen war längst seiner Eigenschaft beraubt. Wie aber könnte man das nennen,
was ich da tue? Konnte man es denn irgendwie nennen? Ich weiß nicht mehr, was ich da tue.*

*Kurz flackern wieder Gedanken auf. Da taucht mein
Bein wieder auf, ich schlag es sofort ab, da ist kurz
mein Mund, weg ist er. Zack, zack, zack.*

Meine Augen waren zu, doch ich sah, dass sie zu waren und auch „dieses Sehen" ließ ich los.

Irgendwann flackert nichts mehr auf, kein Gedanke ist mehr da. Ich bin blind, stumm, taub. Ich habe keine Sinne mehr. Ich weiß nicht mehr, schau ich nach innen oder außen. Schaue ich überhaupt noch?

Da ist nichts mehr, das Mu unterbricht. Ich bin völlig ausgelöscht. Doch wer ist es dann, der da noch „sitzt". Da ist doch jemand. Und der unterbricht noch immer. Wer nur ist es, der weiterhin nach Mu fragt. Wer ist es, der fragt, ohne zu fragen, der so fragt, dass selbst die Frage kein Gedanke mehr ist und sie sich im Gedankenstrom nicht mehr erhebt. Wer ist das nur?

Wieder dringe ich tiefer ins Sein vor. Mein Ego stirbt und stirbt, und es wehrt sich. Mir egal, ich halte an Mu fest, koste es, was es wolle. Mal sehen, wer zuerst stirbt, ich oder mein Ego.

Die Welt ist mit mir verschwunden, da ist gar nichts mehr.

Bin ich überhaupt noch wach, oder schlafe ich? Bin ich überhaupt noch bei Bewusstsein oder bewusstlos? Woran mach ich fest, dass ich wach bin? Ich erkenne auch die Wachheit als Gedanken, als Unterbrechung, und lasse ihn fallen

Dann höre ich auf und erhebe mich vom Bettrand.

Ein harter...

... „Ritt", tiefer und tiefer in Mu. Einfach gar nichts, einfach nur sein.

Kein Fernseher, kein Radio, kein Computer, kein Smartphone, keine Zigaretten, kein Alkohol, keine Drogen, keine Süßigkeiten, keine Bilder von nackten Frauen, kein nichts und kein gar nichts.

Nur um einmal einige Dinge zu nennen, die uns Menschen zur Ablenkung so zur Verfügung stehen und an denen wir haften. Mal frei von allem, sogar von sich selbst. Auch vom eigenen Körper und seinen Sinnen. Nur mit sich alleine und nicht einmal das. Nichts an das sich das Bewusstsein (Geist) hängen könnte. Nicht einmal der Raum, in dem man sich befand.

Dieser Art und Intensität war meine Arbeit mit dem Kôan Mu zu dieser Zeit. Etwa 2 Wochen lang übte ich so jeden Tag.

Was mich...

... neben dem durch die Situation erzeugten Leid, das für mich der größte Motivationsschub war, auch sehr ansporne, waren die Schriften des großen Zen-Meister Bassui Tokusho. Er sagt in den Dharma-Worten:

Beim Ruhen und bei allen Verrichtungen höret nimmer auf, erkennen zu wollen, was denn da hört. Auch

wenn das Forschen selbst nahezu unbewusst geworden ist, findet ihr doch auch jetzt nicht den, der da
hört, und alle Anstrengungen werden zunichte. Doch
auch jetzt können Laute gehört werden. Also dringt
ohne Unterlass immer mehr und mehr in die Tiefe mit
Fragen. Am Ende schwindet jede Spur von Bewusstsein eurer selbst; (ihr fühlt euch) einem klaren Himmel ohne eine einzige Wolke gleich. Darin findet man
nichts, das «Ich» genannt werden kann, und auch keinen Meister, der hört. Dieser Geist ist gleich der Lee-
ren Weite aller Zehn Weltrichtungen; doch hat er keine Stelle, die man leer nennen kann. Dieser Zustand
wird oft fälschlich für (große) Selbst-Wesensschau ge-
halten. Doch muss man abermals aufs eindringlichste
zu ergründen suchen: «Wer denn ist es, der diese Laute hört?» Wenn ihr euch, blind für alles andere, mit
unerschütterlichem Willen ausschließlich in diese Frage einbohrt, so wird selbst das Gefühl Leerer Weite
zunichte, und ihr seid euch keines einzigen Dinges
mehr bewusst. Vollkommene Finsternis herrscht. (Hal-
tet hier nicht inne, sondern) fragt euch ohne Über-
druss: «Wohlan denn! Was nur ist es, das diese Laute
hört?» **Braucht eure Kräfte bis zum Letzten!** Erst
wenn das Fragen mächtig genug geworden ist, wird
die Frage völlig zerbersten. Ihr fühlt euch wie Einer,
der von den Toten auferstanden ist. Das also ist Wahre Wesensschau.

Und auch seine abschließenden Worte sind überaus
deutlich:

Wenn ihr in diesem Leben nicht zur Erleuchtung ge-

langt, wann denn werdet ihr es? Wenn ihr einmal ge-
storben seid, werdet ihr einer langen Zeit der Leiden
auf den Drei Bösen Pfaden nicht entrinnen können.
Was denn verhindert Erleuchtung? Einzig euer laues
Verlangen nach Wahrheit. Denkt daran! Kämpft un-
gestüm auf Leben und Tod!"

Dann, eines Nachmittags...

… ich saß, wie so oft, auf meinem Bett, den Laptop
auf den Knien, bemerkte ich, wie aus dem Nichts,
einfach so kommend, eine sehr angenehme Entspannung in meiner Bauchmitte, verbunden mit einem tiefen Glücksgefühl.

Satori geschah.

Nicht aber während des Übens mit dem Kôan Mu,
sondern als ich mit etwas gänzlich anderem beschäf-
tigt war.

Doch genauer: Wie war...

… es in Satori zu sein?

Da war zunächst ein unfassbar tiefer innerer Friede
und ein völliges Abfließen aller Angst, alles Nervösen,
aller Anspannung. Ich war noch nie so entspannt.

Es war, als würde ich keinerlei Schwere des Ichs mehr

vernehmen. Das Ich war von mir abgefallen. Ich war wie ausgeblendet. Ich hatte mich völlig aufgelöst. Ich war überall und nirgendwo. Ich war da und doch nicht.

Ich war bewusst und doch bewusstlos. Oder anders ausgedrückt: Ich war bewusst, ohne bewusst zu sein.

Interessanterweise kennt die englische Sprache, im Gegensatz zur deutschen, zwei verschiedene Worte für Bewusstsein, nämlich: awareness und consciousnes. In englisch ausgedrückt war ich in Satori „aware but not conscious". Übersetzt könnte dies heißen: Ich war „gewahr, aber nicht bewusst".

Hierzu Nisargadatta Maharaj:

Da haben Sie Recht. Jenseits des Bewusstseins kann es keine Erfahrung geben, und trotzdem gibt es die Erfahrung des Seins. Es gibt einen Zustand jenseits des Bewusstseins, welcher nicht unbewusst ist. Manche bezeichnen ihn als Überbewusstsein oder reines Bewusstsein oder das höchste. Es ist reines Gewahrsein ohne die Verknüpfung von Subjekt-Objekt.

Auch war da eine sehr hohe Wachheit, eine sehr hohe. Ich war voll da. Nicht aber eine aufgeschreckte Wachheit, oder eine angespannte Wachheit wie etwa ein Soldat an der Kriegsfront, sondern eine, die in tiefster Ruhe lag. Eine mühelose Wachheit. Ich hatte den Tiefschlaf in den Wachzustand gebracht. Ich war tief am schlafen und doch hellwach und hatte auch in dieser Hinsicht den Gegensatz überwunden. Das war das Erwachen. Das war Buddha.

Dazu Ramana Maharshi:

Das ist der Zustand des jnani[6]. Er ist weder Schlaf noch Wachen, sondern etwas dazwischen. Sowohl das Gewahrsein des Wachzustandes als auch die Stille des Schlafes sind ihm eigen. Man nennt ihn Wach-Schlaf. Du kannst ihn wacher Schlaf, schlafende Wachheit, schlafloses Wachen oder wachloser Schlaf nennen. Er ist nicht dasselbe wie Schlaf oder Wachen getrennt. Er ist jenseits des Wachens und jenseits des Schlafes und auch in ihnen. Er ist der Zustand völligen Gewahrseins und völliger Stille in einem. Er liegt zwischen Schlaf und Wachen. Er ist auch das Intervall zwischen zwei aufeinanderfolgenden Gedanken. Er ist die Quelle, aus der die Gedanken entspringen.

Ich war wie jemand, der nachts einen Alptraum hat, dann aufwacht und sofort beruhigt ist, weil er die schlimmen Dinge nur geträumt hat. Nur mit dem Unterschied, dass ich aus dem aufgewacht war, was wir Wachzustand nennen.

Ebenso war da eine tiefe Zentrierung im Jetzt. Es gab nur das Jetzt. Keine Vergangenheit, keine Zukunft. Kein Gestern, kein Morgen. Kein Vorher, kein Nachher. Es gab nicht mehr den zeitlichen Gegensatz. Alles war zeitlos. Ich fühlte mich überhaupt nicht mehr ge-

---

6 Jnani (Gnani): Verwirklichter, Erleuchteter

drängt und unter Druck gesetzt, im Gegenteil, die gesamte Welt schien sich auf meinem Rhythmus einzustellen. Alles richtete sich nach mir.

Dann war da tiefste Zuversicht. Ich war noch nie so zuversichtlich wie in diesem Moment als ich in Satori war. Da war tiefstes Vertrauen, dass die Dinge in meinem Leben, so wie sie jetzt sind, genau richtig sind und so sein müssen. Es war die Aussage: „Egal, wie es ist, es ist in Ordnung, es ist ok. Es gibt nicht das Geringste auszusetzen." Nicht mit der Welt hatte etwas nicht gestimmt, sondern nur mit mir. Nicht meine Situation war das Problem gewesen, sondern ich.

Obwohl ich mich also in einer miesen Lebenssituation befand, gab es in mir keinerlei Gefühl einer Überforderung mehr. Im Gegenteil, vielmehr war ich mir zutiefst sicher das Problem zu lösen. Und zwar mit Leichtigkeit. Ja, ich verstand gar nicht mehr, dass mich die Situation zuvor so belastet hatte. Alles schien nun machbar. Obwohl ich vom Wohlwollen anderer abhängig war, schien ich die Kontrolle zu haben.

Keineswegs aber war dies Überheblichkeit oder das Leugnen von Problemen, vielmehr das Vertrauen ins Sein. Das tiefe Vertrauen in das Selbst.

Ebenso bemerkte ich in diesem wundervollen „Zustand", der ja nichts anderes als die wahre Natur eines jeden Menschen ist, dass es keine Möglichkeit mehr gab auf mich selbst zu zeigen. Etwa mit dem Zeigefinger. Ich versuchte es, doch ich war völlig außen vor. Ich war draußen. Die Dinge betrafen mich nicht mehr. Selbst wenn 20 Menschen um mich herum gestanden und mit dem Finger anklagend auf mich gezeigt hätten, hätte ich nicht gewusst, wen sie meinen. Dies war die völlige Schuldlosigkeit. Mir wurde da klar, dass in Satori die Erbschuld (Erbsünde) abgelegt ist. Der Mensch ist zum Mensch geworden und eins mit Gott. Er hat dabei aber „nur" das entdeckt, was er immer schon war.

Deshalb sagt Ramana Maharshi:

Was wir Selbstverwirklichung nennen, ist nicht das Erlangen von etwas Neuem oder das Erreichen eines fernen Ziels; es heißt einfach, das zu sein, was man immer ist und schon immer war.

Und auch Zen-Meister Huang-po (9. Jahrhundert):

Darum sagt der Tathagata[7]: „Durch die vollkommene unübertroffene Erleuchtung habe ich wahrlich nichts dazu gewonnen."

Auch war mir in Satori, als könne ich die Welt dimmen, als könne ich sie irgendwie „per Bewusstsein" abdunkeln. Dies fand ich höchst bemerkenswert. Den einzigen Hinweis, den ich dazu fand, war bei Nisargadatta Maharaj. In einem Dialog sagt er:

Geben Sie alles auf, und Sie werden alles erreichen.

---

7 Absolute, Unbedingte

Dann wird das Leben, so wie es gedacht ist, ein reines Strahlen aus einer unversiegbaren Quelle. In diesem Licht erscheint die Welt so verschwommen (dimly) wie ein Traum.

Genau so war es.

Auch nahmen in Satori alle Dinge eine neue Lebendigkeit an. Ich saß also in meiner kleinen Wohnung und sah mich um. Natürlich war der Stuhl noch immer der Stuhl, und der Schrank noch immer der Schrank, aber alle Dinge des Wohnraums waren strahlend frisch. Obwohl ich die gesamte Einrichtung völlig gewohnt war, ja sie mich fast schon langweilte, war es mir, als sähe ich sie zum ersten Mal. Wie spannend das doch war. Alles war herrlich lebendig, alles strahlte. Staunend sah ich mich um.

Und vor allem war ich frei, dabei aber felsenfest in die Freiheit eingespannt, was zunächst wie ein Widerspruch klingen muss. Doch es ging nur darum, dass es eine unumstößliche Freiheit war. Eine, die unter Stress nicht zusammenbrach.

Oder anders ausgedrückt: Ich war radikal in der Liebe.

Ich hatte...

... dann am zweiten Tag meiner Satori-Erfahrung zufällig einen wichtigen Termin. Einen jener Art, der einem immer irgendwie schwer fällt, weil viel von ihm abging, doch dieses Mal war er für mich keinerlei Problem. Ich nahm ihn wahr in vollster Souveränität und einem Strahlen im Gesicht. Ich wunderte mich über mich selbst. Wie einfach das plötzlich alles war.

Interessant war auch, dass ich im Warteraum des Gebäudes, in dem ich den Termin hatte, alleine an einem kleinen Tisch saß und meine Geldbörse auf ihn legte. Als sich dann ein anderer Besucher dazu setzte, fiel mir auf, dass ich sie entgegen sonstiger Gewohnheit einfach weiter so liegen ließ. Dies war keine Leichtsinnigkeit, sondern ich hatte die Wahrnehmung, dass ich meinen Besitz nicht mehr schützen muss. Er einfach zu mir gehört. Auch stand ich eigentlich nicht so sehr drauf, wenn sich Fremde zu mir an einen Tisch setzten und mir damit zu nahe kamen, doch dieses Mal hatte ich dank Satori keinerlei Berührungsängste mehr. Ich war völlig nahbar. Es störte mich nicht im geringsten, dass sich ein Fremder dazu gesetzt hatte.

Ich könnte übrigens...

… verstehen, wenn jemand sagen würde: „Also Herr Scherer, wenn Sie nur zwei Tage in diesem „Zustand" waren, dann kann es kein wirkliches Satori gewesen sein. Wirkliches Satori ist so tief, dass es nicht nach zwei Tagen endet, indem das Ego zurück kommt, sondern das Ego unwiderruflich und für alle Zeiten im Feuer der Aufmerksamkeit verbrannt ist".

Ja, ich könnte einen solchen Einwand nachvollziehen.

Er könnte sogar von mir sein. Dennoch möchte ich bei meiner Schilderung und der Wortwahl von Satori bleiben. Auch um dem Leser zu verdeutlichen, was ihn letztlich erwartet, wenn er sich dem Kôan Mu, dem Instrument des Zen-Buddhismus, widmet. Oder anders ausgedrückt, was ihn erwartet, wenn er sich, d.h. das Selbst, erkennt.

Übrigens erwähnt auch Ramana Maharshi, dass es möglich ist, das Höchste zu erreichen, dann aber wieder „rauszurutschen".

F.: »Wenn man einmal die höchste Seligkeit erfahren hat, wie kann man ihr dann entgleiten?«
M.: »Oh ja, das geschieht! Die Veranlagungen, die seit undenklicher Zeit an ihm haften, ziehen ihn wieder heraus, und Unwissenheit holt ihn wieder ein.«

Meine schwierige...

... Situation ging letztes Endes vertretbar für mich aus, und ich durchstand sie weitgehend unbeschadet. Auch wenn ich nur kurz in Satori war, gab mir diese tiefe Erfahrung enorme Kraft die notwendigen Dinge zu tun. Und auch als mein Ego teilweise wieder zurückkam, wusste ich doch, es gibt etwas, das auf mich aufpasst. Auch wenn ich diesen meinen Aufpasser nach den zwei Tagen nicht mehr so klar sehen konnte. Ich wusste nun noch tiefer als ich eh schon gewusst hatte, dass es eine universelle Verbundenheit gibt, mag man sie nun Gott oder wie auch immer nennen, die einen leitet und der man, wenn man sonst vielleicht auch allen egal ist, nicht egal ist. Ich wusste nun, es gibt Gesetzmäßigkeiten, die den Verzweifelten unterstützen. Was für ein gewaltiger Trost.

Interessant war...

... auch zu sehen, wie sich meine miese Situation entwickelte. Ich begegnete bei ihrer Überwindung guten und bösen Menschen, eben wie immer, doch auch die bösen waren wichtig, denn sie bildeten die Brücke zu den guten. Die bösen waren in dieser Hinsicht also nicht böse. Hätte ich die bösen nicht zugelassen, wäre ich aus der Situation nicht weitgehend unbeschadet heraus gekommen, sondern hätte sie noch verschlimmert. Wichtig ist also weder an gut noch böse zu haften, zumal man diese Beurteilungen oft erst im Nachhinein vergibt. Ein Bekannter von mir empfand die Nachricht, dass er in den Knast müsse, zunächst als sehr böse, als sehr schlecht. Doch Jahre später sagte er mir, er sei froh gewesen, dass er in den Knast gekommen sei, denn dieser habe ihn vorm Alkoholtod bewahrt. Manchmal entpuppt sich das vermeintlich Böse als die einzige Rettung.

Ebenfalls bemerkenswert...

... war, dass das Ergebnis meiner Situation eines war, das man willentlich nicht hätte erreichen können. Man hätte es nicht planen können.

Ich saß also da und dachte: „Ok, das ist also dabei herausgekommen", aber ich hätte nicht gewusst, was ich hätte tun können, um das erneut zu erreichen. Das Ergebnis wäre nicht reproduzierbar gewesen. Es gab schlichtweg kein Weg zu diesem Ergebnis.

Wenn man auf dieses Ergebnis abgezielt hätte, man hätte es nicht bekommen. Es gab bei der Lösung meiner Situation so viele Variablen, so viele Unsicherheitsfaktoren, so viele „Zufälle", d.h. das Ergebnis und damit das, was für mich letztendlich akzeptabel war, konnte nicht getan werden, es könnte nur geschehen. Es konnte nicht daraufhin gearbeitet werden.

Das ist auch das, was bei der Arbeit mit dem Kôan Mu abläuft. Es gibt, um es noch einmal zu erwähnen, keinen Weg zu Mu. Der Weg zu Mu ist also Mu.

Worin...

... lag nun aber der Unterschied von meinem ersten Erkennen von Mu, damals mit der Stereoanlage, was man, wenn überhaupt, vielleicht kleine oder klitzekleine Erleuchtung nennen könnte, zur großen, zu Satorl (Kensho)?

Vielleicht kann ich den Unterschied durch die folgende Erläuterung, die das Wesentliche auch nochmal kurz zusammen fasst, verdeutlichen:

Da ist zunächst der einfache Mensch, der normale Mensch, der Alltagsmensch, der auch ich früher war. Noch bevor ich zum Kôan Mu kam.

Noch identifiziert sich dieser Mensch völlig mit dem Verstand und seinem Körper. Noch hält er sich für eine Person, innen und außen durch seine Haut voneinander getrennt. Noch hält er sein Ego, also all das, was er durch die Sinne wahrnimmt, für das wahre Ich. Noch hält er die Welt für die Wirklichkeit und sucht in ihr Glück und Halt. Noch verwechselt er Glück mit Vergnügen und meidet Leid. Noch wird er von den Widrigkeiten des Lebens überrumpelt und umgerissen. Noch ist er den Umständen ausgeliefert. Noch ist er bedingt (d.h. relativ).

Begibt er sich nun, vielleicht weil er leidet und von diesem Ausgeliefertsein die „Schnauze voll hat" und die Kontrolle über sein Leben möchte, auf den weglosen Weg, so bemerkt er, dass seine bisherigen Meinungen über sich und die Welt nicht zu halten sind. Was aber ist zu halten? Was also ist wahr? Bisher suchte er die Wahrheit durch den Verstand, doch durch sein Interesse an der Wahrheit mag er vielleicht auf die folgende Aussage von Nisargadatta Maharaj stoßen:

Versuchen Sie nicht, die Wahrheit zu wissen, denn das Wissen des Verstandes ist kein wahres Wissen. Doch Sie können wissen, was nicht wahr ist, und das reicht völlig aus, um Sie vom Unwahren zu befreien.

Durch die Kenntnisnahme dieser oder ähnlicher Aussagen wird er den Verstand in Frage stellen, und erstmals bemerken, dass er mit diesem nicht identisch ist. Dass er nicht der Verstand ist. Damit aber kann er den Verstand, der ja nur ein Bündel von Gedanken ist, beobachten. Denn man kann ja nur das beobachten, was man nicht ist. Was man ist, kann man nicht beobachten, sondern nur sein. So beginnt mit diesem Beobachten der Gedanken deren Auflösung und damit die Befreiung vom Verstand und der Eintritt ins tiefere Bewusstsein.

Aber beobachtet der am Kôan Mu Übende denn überhaupt seine Gedanken? Er hält doch einzig an Mu fest. Ja, aber um einzig an Mu festzuhalten, muss er die Gedanken beobachten, denn er braucht ja etwas, was ihm signalisiert: Das ist nicht Mu, also zieh dich zu Mu zurück. In der Arbeit mit dem Kôan Mu findet also eine tiefe Beobachtung der Gedanken statt. Interessant wird es, wenn auch Mu als Gedanke erkannt wird, als Unterbrechung. Die Unterbrechung wird dann als Unterbrechung erkannt und stimmt mit sich überein. Zu was aber zieht sich der Übende dann zurück?

Die Beobachtung der Gedanken ist also fundamental um die Wahrheit zu „wissen", d.h. die Wahrheit zu sein. Meist ist dieses „Wissen" beim ersten Erkennen von Mu aber nicht sehr tief und noch gibt es Situationen, die den Mensch überfordern. In denen er nicht weiß, was er tun soll.

Vor allem bemerkt er nach diesem ersten Erkennen oft nicht, dass er noch nicht alles abgelegt hat. Dass er noch nicht völlig leer (Mu) geworden ist. Er meint es vielleicht, doch dem ist nicht so. Er hat schlichtweg nicht tief genug nachgeschaut. Hierzu der schöne Dialog eines Mönchen mit dem großen Zen-Meister Jôshû Jushin:

Schau, Meister, ich habe alles losgelassen. Was sagst du dazu?" Jôshû antwortete ihm: „Gut, dann wirf es weg". Da fragte der Mönch erstaunt: „Aber Meister, ich hab dir doch gesagt, dass ich alles losgelassen habe. Was soll ich denn jetzt noch wegwerfen?" Daraufhin sagte Jôshû: „Wenn dem so ist, dann musst du es halt weitertragen.

Irgendwann wird der Mensch dann tiefer und tiefer schauen und allmählich beginnen zu erkennen, dass auch der Körper nur Gedanke ist. Und damit etwas, was ebenfalls loszulassen ist.

Dieses Erkennen ist äußerst wichtig. Nisargadatta Maharaj weist in deutlichen Worten darauf hin:

Fragender: Wie komme ich dahin, dass ich mich so sehe, wie Sie mich sehen?
Maharaj: Es reicht völlig aus, wenn Sie nicht glauben, der Körper zu sein. Es ist diese Vorstellung von 'Ich bin der Körper', die so katastrophal ist. Sie macht Sie Ihrer wahren Natur gegenüber völlig blind.

Wenn der Körper als Gedanke erkannt und damit losgelassen wird, verschmelzen innen und außen mehr und mehr miteinander und der Mensch wird die Welt als seinen Körper wahrnehmen. Mit dem Ablegen seines begrenzten Körpers beginnt er sich dann in den Dingen zu verflüchtigen. Sich aufzulösen. Er ist dann nicht mehr als Person lokalisierbar, sondern überall und nirgendwo. Er ist nicht mehr greifbar. Und damit auch nicht mehr angreifbar.

Meiner Erfahrung nach geht man mit dem Erkennen des Körpers als Gedanke schon sehr stark auf Satori zu (was natürlich insofern Unsinn ist, als man aufgrund der Weglosigkeit nicht auf Satori zugehen kann.)

Auch beginnt damit eine Entspannung des Körpers, die beispielsweise Yoga weit übertrifft. Eine Entspannung nicht nur des grobstofflichen Körpers, etwa des Rückens oder der Beine, sondern auch des feinstofflichen, des Geistes. Bis hin zur Transzendenz, dem völligen Abfließen aller Gedanken, kurzum, dem Einssein von Körper und Geist. Das ist wirkliches Yoga, denn Yoga ist *die Einheit mit dem (höchsten) Sein.*

Die Tiefe des Erkennens von Mu ist also sehr wichtig. Der Übende sollte sich mit dem oberflächlichen Erkennen von Mu, wie bei mir mit der Stereoanlage, nicht zufrieden geben. Er sollte immer tiefer forschen und sich fragen: „Was kann ich noch ablegen?". Bis auch er nichts mehr Seiendes erkennt und völlig über den Dingen steht.

Nisargadatta Maharaj:

Was Sie aufgegeben haben, ist jetzt nicht wichtig. Was haben Sie noch nicht aufgegeben? Finden Sie das heraus, und geben Sie es auf. Sadhana (Übung) ist die Suche nach dem, was aufgegeben werden muss. Entleeren Sie sich total.

Um noch...

... einmal auf Satori zurück zu kommen. Meine persönliche Erfahrung, quasi all das, was mir in den beiden Tagen aufgefallen ist, habe ich geschildert. Ich möchte nun, ganz allgemein, noch weitere bemerkenswerte Eigenschaften dieses wundervollen „Zustandes" benennen:

Eine Eigenschaft des Menschen in Satori ist das freie Aufnehmen und Weglegen der Dinge. Er ist nicht mehr an die Dinge gebunden. Er ist nicht getrieben noch ein Bier zu trinken oder noch eine Tafel Schokolade zu essen etc. Er kann all dies jederzeit abbrechen.

Und ich möchte in diesem Zusammenhang jedem Menschen, der Suchtprobleme hat, sei es mit Alkohol, Drogen oder sonstiges, darauf hinweisen, dass durch die Klärung der Frage „Wer bin ich?", die letzten Endes in Satori gipfelt, seine Sucht endet. Er ist dann nicht mehr abhängig. Nicht mal von sich, d.h. er hat sich von sich befreit. Die beste Suchttherapie ist also die Klärung dieser Frage.

Auch hat der Mensch in Satori keinerlei Ängste mehr, auch keine Existenz- oder Zukunftsängste. Da Angst nur ein Gedanke ist und der Verwirklichte nicht mehr denkt, sondern ist, ist alle Angst von ihm abgefallen. Er ist weder besorgt um sein Wohlbefinden, noch um seinen Fortbestand.

Des Weiteren findet in Satori kein Eingriff in die Schöpfung statt (wu wei), d.h. hinter dem Handeln des erwachten Menschen steht kein Ich mehr. Er tut also nicht, sondern das Tun wird getan. Das Tun geschieht. Es geschieht absichtslos. Dieses Tun, das ohne einen Tuenden ist, erzeugt kein Karma.

Karma? So viele reden davon. Doch was wirklich Karma ist und wann es erzeugt wird, kann nur der sagen, der „weiß", was Mu ist, denn Karma erzeugt nur das, das nicht Mu ist. Und was Mu ist, „weiß" man vor Satori nicht wirklich.

Erwähnenswert ist auch, dass in Satori das Sein zum einzigen Sinn wurde, d.h. der erwachte Mensch hört nicht mehr mit dem Ohr, sondern mit dem Sein. Dadurch werden beispielsweise Missverständnisse in der Kommunikation, etwa in der Partnerschaft, verhindert, denn das Ego der Gesprächsteilnehmer dichtet nicht mehr etwas hinzu. Der Mensch hört das, was ist und nicht was er gerne hören möchte. Dies gilt entsprechend für die anderen Sinne.

Indem in Satori also alle fünf Sinne überwunden sind, kommt eine Art sechster Sinn zutage, die Intuition. Sinn ist vielleicht das falsche Wort, denn was ist das Sinnesorgan der Intuition? Es ist das Selbst (Sein), das jenseits des Körpers ist. Ramana Maharshi nennt das Selbst oft das Herz, er meint damit natürlich nicht das körperliche Organ.

Ich kann, vor allem auch als ich meine schwierige Situation zu lösen versuchte, bestätigen, dass es viele Momente und Fallstricke gab, in denen ich rein intuitiv das Richtige tat. Es entscheidet dann nicht mehr das Ego (Verstand), dem die Sinne zugehörig sind, sondern das Herz (Selbst). Und das Herz kann es besser, denn indem es alles ist, überblickt es das Ganze und nicht nur den Teilaspekt. Intuitiv zu handeln ist von enormer Wichtigkeit.

Einige Worte noch zur Zeitlosigkeit, die in Satori auftritt. Wie ich bereits erwähnte, war in den beiden Tagen, in denen ich in Satori war, der zeitliche Gegensatz aufgehoben. Vor allem Eckhart Tolle betont immer wieder das Hier und Jetzt, die Gegenwart. Dass das Leben immer Jetzt ist. Warum ist das so wichtig?

Weil der Mensch, der nur in der Vergangenheit oder Zukunft lebt, das Jetzt, und damit das Leben, verpasst. Im Jetzt, d.h. im Sein, ist dieser duale Gegensatz aufgehoben. Wenn der Mensch also aus dem Jetzt heraus handelt, demnach mit dem Leben fließt, so ist sein Handeln nicht von Erinnerung oder Angst dominiert, sondern von dem, was ist: Der Wahrheit.

Sie ist in jedem Moment das Beste. Das Leben wird dann zu diesem Moment, es wird wahrhaft.

So ist die Zeit des Erwachten also das Sein und es gilt, was Ramana Maharshi folgend sagt:

Zeit und Raum existieren im Geist, aber unser wahrer Zustand liegt jenseits davon. Die Frage nach der Zeit stellt sich demjenigen, der im eigenen wahren Wesen gegründet ist, überhaupt nicht.

Aber wie verträgt sich dies mit einem Menschen, der sagt: „Ich kann doch nicht aus der Zeit raustreten, ich muss morgen pünktlich um 7 30 Uhr in der Werkshalle sein und Autos montieren. Meinen Chef interessiert es einen Dreck, ob ich auf dem weglosen Weg rumlauf". Der Mensch in Satori wird dies nicht als ein Problem ansehen. Er wird ganz normal weiter arbeiten. Für ihn ist es aber, als sei er freiwillig um 7 30 Uhr am Arbeitsplatz. Als sei er zufällig jeden Tag um diese Zeit dort. Es gibt für ihn quasi kein Muss mehr. Sein Muss ist frei.

Eine weitere herausragende Eigenschaft von Satori ist, dass es dem Menschen gelingt schwierige Situationen im Leben zu meistern. Er wird immer eine Lösung finden. Völlig zu Recht sagt der große chinesische Philosoph Lao Tsu (Laotse, 6. Jh. v. Chr.):

Wer eine Leere machen könnte aus sich selbst, leicht zu durchdringen für die anderen, wäre Meister aller Situationen.

Indem er leer (Mu) ist, verstrickt sich dieser Mensch nicht mehr in der Welt, er ist nicht mehr gefesselt. Er betrachtet die gesamte Welt als Fessel, doch von ihr hat er sich befreit. Er ist über die Welt, d.h. über sich, hinaus gegangen.

Mit Verstrickung meine ich: Das geht nicht, und das geht nicht, und wenn ich es so mache, dann geht auch das nicht wegen dem etc. Es ist ähnlich dem Schach: Wenn ich mit der Figur hierher ziehe, geht das nicht. Und auch dort kann ich nicht hin und wenn ich dort hin gehe, stehe ich im Schach, geht also auch nicht etc.

Auch wird der Mensch in Satori bemerken, dass ihm das Universum, mit dem er eins ist, hilft. Ging vorher alles schief, so gelingen nun auch mal die Dinge. Ich kann dies aus meiner Erfahrung klar bestätigen. Indem das Innere stimmt, beginnt auch das Äußere zu stimmen.

Ebenso wird der erwachte Mensch keine Energieverringerung mehr bei sich feststellen, wenn er beispielsweise beleidigt wird oder schlechte Nachrichten erhält. Er bricht unter Stress nicht zusammen. Er wird nicht mehr runter gezogen. Die Energie bleibt ununterbrochen oben. Man kann ihm nichts verleiden. Dabei baut er keine Mauer um sich herum, sondern das Keine ist die Mauer. Das dickste Fell ist also die Transzendenz.

Dies sind...

... einige der erwähnenswerten Eigenschaften von Satori.

Selbstverständlich ist Satori ohne Eigenschaften, d.h. das Ohne, kurzum Mu, ist die Eigenschaft(en).

Satori kann also nicht charakterisiert werden.

Man müsste daher, genau genommen, schreiben: Dies sind einige der erwähnenswerten Nicht-Eigenschaften von Satori.

Man könnte sicherlich noch weitere benennen, die Aufzählung ist also nicht abschließend. Wollte man sie abschließen, müsste man sagen: In Satori ist der Mensch alles und nichts.

Auf eine...

... weitere interessante Nicht-Eigenschaft möchte ich kurz noch gesondert eingehen:

Wir alle kennen Menschen, denen wir gerne helfen würden, und dafür verwenden wir oft die Sprache. Und das kann auch völlig in Ordnung sein. Oft aber bemerken wir, dass sie begrenzt ist. Wir reden uns den Mund fusselig und kommen nicht weiter. Manchmal ist es sogar so, dass egal, was wir sagen, alles falsch zu sein scheint oder uns das Wort im Mund herum gedreht wird. Wir dringen einfach nicht durch. Hier möchte ich auf eine Kommunikation hinweisen, die ohne Sprache erfolgt, in der also das Ohne, d.h. die Stille, spricht: Die Bewusstseinsverschmelzung.

Je tiefer der Mensch weiß, wer er ist, umso mehr erkennt er, dass er nicht mehr durch den Körper begrenzt ist. Sein Bewusstsein umfasst dann alles. Und so kann er mit dem Bewusstsein des Hilfesuchenden verschmelzen. Er wird dieser Person dann alleine durch „sein" Sein helfen können. Dies ist auch der Grund, warum man sich in der Nähe von Heiligen (Jnani) so wohl fühlt und seelisch gesundet.

Nisargadatta Maharaj verdeutlicht dies in folgendem Dialog:

Fragender: Und was ist Ihre Rolle dabei?
Maharaj: In mir finden Mensch und sein Selbst zusammen.
Fragender: Warum hilft das Selbst nicht auch ohne Sie.
Maharaj: Aber ich bin doch das Selbst! Sie betrachten mich als getrennt von sich selbst, deshalb auch Ihre Frage. Es gibt kein „mein Selbst" und „sein Selbst". Es gibt das Selbst, das eine einzige Selbst für alle. Die Vielfalt von Namen und Formen, von Körper und dessen Verstand haben Sie in die Irre geführt, und Sie glauben, dass es mehrere Selbst gibt. Wir sind beide dieses Selbst.

Und auf einen...

... weiteren wichtigen Punkt, der vor allem auch in Satori deutlich wird, möchte ich noch hinweisen.

Wie bereits erwähnt, beginnt, vor allem mit dem Ablegen des Körpergedanken, dass der Übende ein anderes Verhältnis zur Welt bekommt. Er erkennt, dass nicht er in der Welt ist, sondern sie in ihm und deshalb einzig wegen ihm besteht, was eine ungeheuer egoistische Aussage wäre, könnte nicht nur der diese Aussage treffen, der das Ego abgelegt hat.

Er erkennt darüber hinaus, dass erst, wenn sich sein Ego aus dem Schlaf erhebt, Gedanken im Bewusstsein aufsteigen und die Objekte entstehen, etwa der Stuhl oder der Schrank oder der Weg ins Badezimmer. Dies ist der Grund, warum ich oben schrieb, es gelte auch den Tisch als Unterbrechung der Frage „Was ist Mu?" zu erkennen. Wenn der Mensch ins Bad geht, wandelt er also auf seinem eigenen Bewusstsein, wenn er zur Arbeit fährt, fährt er auf seinem eigenen Bewusstsein.

Alles was der Mensch durch die Sinne wahrnimmt, ist also er selbst und ist nur gedacht, ist nur Geist. Besteht sein Bewusstsein nicht, dann besteht auch keine Welt. Dies ist im Tiefschlaf der Fall.

Natürlich wird jeder, und auch mir ging es so, sofort sagen: „Moment mal, im Tiefschlaf besteht die Welt doch weiter". Ja, für die Ehefrau, die wach ist und ein Buch liest, um ein Beispiel zu nennen, aber nicht für den, der neben ihr liegt und im Tiefschlaf ist. Und einzig und alleine um den geht es jetzt gerade.

Der weglose Weg ist also ein völlig subjektiver.

Damit aber gibt es keine objektive Welt.[8] Sie kann, im Gegensatz zum Selbst (Mu, Sein), nicht unabhängig existieren, sondern braucht immer jemanden, dem sie erscheint. Sie braucht immer ein Subjekt.[9]

Man könnte es auch so ausdrücken: Die Welt (Universum) braucht eine Ursache. Das Sein (Selbst, Mu), welches das Universum beinhaltet und übersteigt, ist unverursacht. Es wurde nicht geboren und stirbt nicht.

Aufgrund dieser...

... Subjektivität ist jeder Mensch seine eigene Welt. Jeder träumt seinen eigenen Traum. Jeder erschafft (projiziert) seine eigene Welt. Jeder baut damit, sofern er seine Welt als Last empfindet, sein eigenes Gefängnis, und erst die Selbsterkenntnis befreit ihn

---

8 Unser Meister (Huang-po) sprach: *Vor allem müssen das Suchen nach irgendetwas Objektivem und jegliches Anhaften aufgegeben werden.*

9 s.a. Albert Einsteins polemische Frage: „Existiert der Mond auch dann, wenn keiner hinsieht?“. Er kann die weltanschaulichen Konsequenzen der Quantenmechanik nie akzeptieren. Schließlich sollen nach Heisenbergs neuer Physik auch Elektronenbahnen erst durch Beobachtung entstehen.

daraus.

Man könnte diese Subjektivität auch so ausdrücken: Jeder Mensch muss selber schauen, wer er ist. Er kann dies nicht anderen überlassen. Er kann diese Aufgabe nicht anderen übertragen. Er kann nicht sagen: „Schau du doch mal für mich, wer ich bin."

Die Subjektivität tritt auch zu Tage bei Menschen, die mit der Welt unzufrieden sind und mit ihr nicht zurecht kommen. Auf dem weglosen Weg wird man immer mehr erkennen, dass nicht mit der Welt etwas nicht stimmte, sondern mit einem selbst. Die Haltung zur Welt wird eine andere, eine bessere. Eine, die erkennt, der Fehler, den man sieht, ist immer der eigene. Dies zu verstehen, gelingt meiner Erfahrung erst in der Tiefe. Vorher sucht man allzu gern den Fehler bei anderen. In der Tiefe erkennt man dann, man ist der (das) Andere.

Wenn dies geschieht, ist es herrlich zu sehen wie Menschen aufblühen, wenn sie bemerken, dass sie jemand betrachtet, der an ihnen einfach keinen Fehler entdecken kann. Nicht weil dieser sie absichtlich übersieht, sondern weil er genau hinsieht. Im Gegensatz zu denen, die an ihnen immer nur Fehler suchten.

Man beginnt alle Menschen zu lieben. Man zwingt sich dazu aber nicht, sondern man ist so.

Man ist die Liebe.

Aus dem...

... wichtigen Punkt der Subjektivität ergibt sich ein weiterer, ein ebenso wichtiger.

Indem der Erwachte erkannt hat, dass die Welt nur wegen ihm besteht und er so nicht in der Welt ist, sondern sie in ihm, d.h. sein Bewusstsein alles um-fasst, wirkt er auf sie ein.

Fragender: Eine Welt ohne Ursachen ist vollkommen jenseits meiner Kontrolle.
Maharaj: Im Gegenteil, eine Welt deren einzige Quel-le und Basis Sie sind, können auch nur Sie verändern.

Wie wirkt er auf sie ein? Indem er sie „abschaltet", Nisargadatta Maharaj drückt es so aus:

Ich bewege mich einfach und natürlich in das Be-wusstsein hinein und heraus, und daher ist die Welt für mich ein Zuhause, kein Gefängnis.

Wie „schaltet" der erwachte Mensch sie ab? Indem er sich in das Selbst zurückzieht, kurzum, indem er einfach nur ist. Wie der Punkt in der Mathematik, der keine Ausprägung besitzt. Oder so: Indem er sein Be-wusstsein jenseits des Bewusstsein (Verstand, Geist) richtet.

Und ich möchte dazu ein kleines Beispiel aus meinem Leben nennen.

Ich hatte mit einer guten Bekannten eine schöne freundschaftliche Zeit. Irgendwann aber „war der Wurm (Ego)" drin und wir verstanden wir uns nicht mehr so richtig. Und es war abzusehen, dass unsere Freundschaft nicht mehr lange halten würde.

Nun ist all dies, aus meiner subjektiven Sicht gesehen, meine eigene Welt. Mein Bewusstsein umfasst alles, auch meine Bekannte und „der Wurm, der sich in unsere Bekanntschaft eingeschlichen hat". Ich hätte die Freundschaft grundsätzlich gerne weiter geführt, doch statt nun in irgendeinen Aktionismus zu verfallen, um die Fortsetzung zu erreichen, etwa endlose Gespräche zu führen, zu betteln, zu drohen, zu resignieren, zu erpressen, zu beschimpfen, oder sonst etwas, machte ich gar nichts. Außer einem: Immer wenn mir Gedanken über die Freundschaft kamen, die einem möglichen Ende, aber auch einer möglichen Weiterführung im Wege standen, dann zog ich mich in das Selbst (Mu) zurück. Ich zerstörte den Dualismus. Mit diesem Zurückziehen einher ging mein Austreten aus dem Bewusstsein, und die Welt fiel von mir ab. Ich „schaltete" sie quasi ab. Das ganze Thema Freundschaft mit dem nervenden Hin und Her verschwand und Ruhe und Frieden umgab mich.

Dies war der eine wichtige Aspekt, auf den ich hinaus wollte, nämlich dass man die Sorgen und das Leid der Welt einfach „abschalten" kann, indem man die Welt „abschaltet", die ja nur im Bewusstsein besteht. Jeder Mensch besitzt so einen Nicht-Ort (Selbst) der Ruhe und des Friedens, auf den er immer zurück greifen kann, auch im tiefsten Tumult. Keine noch so schlimme Tragödie kann diesen Ort erreichen, er liegt schlichtweg jenseits. Er ist wie eine Leinwand, auf der zwar die schlimmsten Filme von Mord und Totschlag gezeigt werden, doch die Leinwand davon immer unberührt bleibt.

Der berühmte Spruch Buddhas „Leben ist Leiden" muss also tatsächlich lauten: Bewusstsein (Ego) ist Leiden. Jenseits davon besteht kein Leid, nur Glückseligkeit, und der saublöde Spruch „Das Leben ist kein Ponyhof" kommt endlich zu einem Ende. Selbstverständlich ist das Leben einer. Immer? Immer.

Doch jetzt...

... war die Frage: Ging es nur darum, dass **ich** Frieden hatte? Oder hatte mein „Abschalten" der Welt tatsächlich auch Auswirkungen auf die Freundschaft?

Und hier möchte ich letztere Frage ausdrücklich bejahen. Jedenfalls, und das war äußerst interessant, fanden meine Bekannte und ich wieder zusammen, und zwar mühelos. Plötzlich passte es wieder. Ich war ziemlich überrascht, hatte aber in all den Jahren durch Zen gelernt, dass manchmal „interessante" Dinge passieren. Für mich sah es so aus, als hätte alleine mein „Abschalten" die gesamte unerfreuliche Situation zwischen mir und meiner Bekannten geklärt. Als hätte ich den Egoismus (Wurm), von dem die Freundschaft, zu welchen Anteilen auch immer, befallen war, in mir aufgelöst.

Dies war nur ein kleines Beispiel, das ich auch nicht überbewerten möchte. Aber es ist wohl so, dass, indem der Mensch nicht in der Welt ist, sondern sie in ihm, er durch unbewusste Prozesse Einfluss auf diesen seinen eigenen Körper, d.h. die Welt, nimmt.
Auf die beiden folgenden Dialoge mit Ramana Maharshi möchte ich hinweisen:

Drei Damen sind zu einem kurzen Besuch hier: Frau Hearst aus Neuseeland, Frau Craig und Frau Allison aus London.

Eine von ihnen fragte: » Wie kann man am besten für den Weltfrieden arbeiten?«

M.: »Was ist Welt? Was ist Friede, und wer arbeitet dafür? Die Welt existiert nicht in deinem Tiefschlaf, sondern ist eine Projektion deines Geistes im Wachzustand (jagrat). Sie ist deshalb eine Vorstellung und nichts anderes. Friede ist die Abwesenheit von Störung. Störung entsteht, wenn Gedanken im Individuum auftauchen, das nur aus dem Ego besteht, das wiederum aus dem reinen Bewusstsein aufgestiegen ist. Friede zu bringen bedeutet, frei von Gedanken zu sein und als das reine Bewusstsein zu verbleiben. Wenn man selber im Frieden ist, ist überall Friede.«

sowie:

F.: »Warum helfen die Mahatmas nicht?«

M.: »Woher weißt du, dass sie nicht helfen? Öffentliche Vorträge, äußere Aktivitäten und materielle Hilfe werden vom Schweigen der Mahatmas bei Weitem übertroffen. Sie bewirken mehr als andere.«

F.: »Was können wir tun, um den Zustand der Welt zu verbessern?«

M.: »Wenn du ohne Leid bist, gibt es nirgendwo Leid. Das Problem besteht darin, dass du die Welt außerhalb deiner selbst siehst und denkst, dass es Leid in ihr gibt. Aber beides, die Welt und das Leid, sind in dir. Wenn du dich nach innen wendest, gibt es kein Leid.«

Vielleicht sagt jemand harsch: „So ein Blödsinn, das kann doch niemals sein." Ich begrüße den, der zweifelt, doch kann ich ihm nur sagen: Überprüfe selbst den Wahrheitsgehalt der gemachten Aussagen durch die Selbsterkenntnis, und bilde dir dann ein Urteil.

Ich bitte den Leser hier offen für das Beschriebene zu sein. Und vor allem auch die Bedeutung und Tragweite zu erkennen, nämlich eine wundervolle Möglichkeit zu „besitzen" Dinge zu lösen und Einfluss auf die Welt zu nehmen. Ein Einfluss, durch den man sich der Welt gegenüber nicht mehr machtlos fühlt. Zu ihm gehört, dass man nun auch nicht mehr nach außen schaut, um das Äußere zu wissen und etwas zu bewirken, sondern ins Selbst, das jenseits von Innen und Außen liegt. Man bleibt also einfach bei sich.

Laotse fasst dies hervorragend zusammen. Aus dem Tao te king:

Ohne aus der Tür zu gehen,
kann man die Welt erkennen.
Ohne aus dem Fenster zu blicken,
kann man des Himmels Sinn erschauen.
Je weiter einer hinaus geht,
desto weniger wird sein Erkennen.
Also auch der Berufene:
Er wandert nicht und kommt doch ans Ziel.
Er sieht sich nicht um und vermag doch zu benennen.
Er handelt nicht und bringt doch zur Vollendung.

Um nun...

... nochmal auf das Kôan Mu zurück zu kommen. Weil dieses geeignet ist zu Satori zu führen, d.h. zur Befreiung des Menschen, die das beste aus ihm hervorbringt und damit letzten Endes die bessere Welt erschaffen wird, eine Welt, in der nicht der Egoismus herrscht, sondern die Menschlichkeit, ist dieses von allergrößter Bedeutung. Ich möchte das Kôan Mu daher als ein Kulturgut der Menschheit bezeichnen.

Mit Menschheit meine ich die Summe der jeweils einzelnen Menschen, um noch einmal auf die Subjektivität hinzuweisen.

Dazu Nisargadatta Maharaj:

Fragender: Sie scheinen mich immer wieder auf mich selbst zu verweisen. Gibt es denn keine objektive Lösung für die Probleme der Welt?

Maharaj: Die Probleme der Welt wurde durch zahllo-se Menschen wie Sie selbst erschaffen, jeder erfüllt von seinen eigenen Begierden und Ängste. Wer sonst als Sie selbst kann Sie von Ihrer persönlichen und sozialen Vergangenheit befreien. Und wie, könnte das möglich sein, wenn Sie nicht die dringende Notwendigkeit erkennen, zuerst von den Wünschen und Begierden, die von Ihren Illusionen produziert wurden, frei zu sein. Wie können Sie wirklich helfen, wenn Sie selber Hilfe brauchen?

Das...

... Kôan Mu ist allerdings nicht das einzige Instrument, das das Ablegen des Egos, und damit Freiheit, ermöglicht. Alle Kôans zielen darauf ab.

Was wäre denn ein anderes Kôan? Ein weiteres bekanntes ist beispielsweise „Was ist der Ton einer klatschenden Hand?".

Auch könnte...

... man das, was das Kôan Mu leistet, anders ausdrücken, beispielsweise so:

Ramana Maharshi:

Denken Sie „Ich, ich, ich...", - und halten Sie daran fest, unter Ausschluss aller anderen Gedanken.

110

Oder so wie der christliche Theologe Meister Eckhart (1260 – 1328):

Wer werden will, was er sein sollte, der muss lassen, was er jetzt ist.

Erwähnenswert ist auch ...

... die „Methode", die Nisargadatta Maharaj beschreibt. „Methode" immer in Anführungszeichen, denn so wenig es einen Weg gibt Mu (bzw. das Selbst) zu erreichen, so wenig gibt es eine Methode. Es gibt also keine Methode. Und genau das ist die Methode.

Wie funktioniert sie? Wann immer dem Mensch ein Gedanke kommt, sagt er sich im Geist „Ich bin". Auch hier geht es weniger um ein geistiges Formulieren der Worte „Ich bin" als um die Wahrnehmung des Seins.

Ich habe die „Methode" ausprobiert und „gute Erfolge" erzielt. Ich halte sie für sinnvoll für alle diejenigen, die mit dem Kôan Mu nicht zurecht kommen. Dies vielleicht auch, weil sie „das mit diesem seltsamen Mu, dem Hund und dem Buddha-Wesen" irritiert. Nisargadatta Maharajs „Methode" braucht diesen Zen-Jargon jedenfalls nicht. Und vielleicht liegt dies deshalb manchem einfach mehr.

Selbstverständlich ist Mu das „Ich bin", denn der Mensch ist ja Mu. Es ist die Aussage „Ich bin, der ich bin" der Bibel (Exodus 3, 14). Ich bin also nicht dies oder das. Letzteres wäre relativ, d.h. nur der begrenzte Teil, wohingegen das „Ich bin" absolut ist, demnach das unteilbare Ganze.

Oder wie Ramana Maharshi es ausdrückt:

»Du bist nicht dies noch das. Die Wahrheit ist ›Ich bin‹. Auch in der Bibel heißt es: ›Ich bin, der ich bin.‹ Nur Sein ist natürlich.«

Natürlich drängt sich da die Frage auf, ob wir hier also gar nicht von einer exotischen buddhistischen oder hinduistischen Gottheit sprechen, sondern von „unserem" Gott, dem Gott der Bibel. Sprechen wir, wenn wir vom Sein und der darin liegenden Glückseligkeit sprechen, etwa vom Himmelsreich, von dem Jesus spricht? Der Leser möge dies selbst herausfinden. In der Erleuchtung wird er es wissen.

Sehr gut gefiel mir bei Nisargadatta Maharajs „Methode" auch, dass sie in den Momenten sehr gut „funktionierte", in denen jemand versuchte, einem einen Stempel aufzudrücken oder in eine Schublade zu stecken, wie dies in unserer Gesellschaft oft der Fall ist.

Vor allem ist sie auch bestens geeignet, wenn man sich minderwertig wahrnimmt. Ein Beispiel:

Ein Mann sitzt, nachdem sich seine Frau von ihm getrennt hat, voller Selbstzweifel zuhause. In seinem Verstand herrscht Chaos, es geht drunter und drüber, seine Gedanken sind in etwa die folgenden:

Ich war ja auch nicht gut genug für sie - ich besitze einfach auch zu wenig Geld und kann ihr nichts bieten - ohne sie kann ich nicht leben - ich finde nie wieder eine neue Frau - ohne sie bin ich nichts wert etc.

Nun kommt Nisargadatta Maharajs „Methode" ins Spiel:

*Ich war ja auch nicht gut genug für sie, **nicht beachten, im Geist sagen „Ich bin",** ich besitze einfach zu wenig Geld und kann ihr nichts bieten, **nicht beachten, im Geist sagen „Ich bin",** ohne sie kann ich nicht leben, **nicht beachten, im Geist sagen „Ich bin",** ich finde nie wieder eine neue Frau, nicht beachten, im Geist sagen „Ich bin", ohne sie bin ich nichts wert, **nicht beachten, im Geist sagen „Ich bin".***

Schön auch zu sehen, wie sich die Gedanken ändern, doch das „Ich bin", wie ein Fels in der Brandung, bestehen bleibt. Das Veränderbare verläuft vor dem Hintergrund des Unveränderlichen.

Selbstverständlich geht es auch hier darum, die Unterbrechungen zwischen den „Ich bin" immer mehr zu verkürzen, d.h. letzten Endes nur noch zu sein.

Einige...

... Worte möchte ich auch zur „Methode" von Eckhart

Tolle erwähnen. Tolle weist immer wieder darauf hin im Jetzt zu sein. Gegenwärtig zu sein. Aber inwiefern ist das eine Methode zum Ablegen des Egos?

Dazu ein Fragender im Dialog mit Nisargadatta Maharaj:

Fragender: Ja, das stimmt. Es ist das Gewahrsein, das den Unterschied zwischen dem aktuellen und dem erinnerten erzeugt. An die Vergangenheit oder Zukunft denkt man, doch im Jetzt ist man präsent.

Im Jetzt besteht also kein Denken. Da das Ego, auch die Welt und der Körper, Gedanken sind, ist das Jetzt, d.h. einfach nur zu sein, etwa indem ich beim Händewaschen nicht bereits an die später noch stattfindende Konferenz denke und damit das Jetzt (Sein) mit diesem Denken überlagere, eine Methode das Ego zu verringern und letztendlich abzulegen.

Man könnte es auch so ausdrücken: Bei Tolles Hinweis findet eine ständige Vereinigung der Gegensätze statt, indem vorher und nachher im Jetzt „aufeinandertreffen".

Diese Vereinigung findet auch im Kôan Mu statt. Das Ja (der Hund hat Buddha-Wesen) und das Nein (der Hund hat kein Buddha-Wesen) werden beständig vereint, bis Ja und Nein eins sind und so der Gegensatz (Dualismus) überwunden ist.

All diese...

... „Methoden", sei es das Kôan Mu, Nisargadatta Maharajs „Ich bin" oder das ständige Bemühen im Jetzt zu sein, sind irgendwo dasselbe. Hier und da lediglich begrifflich anders benannt.

Es geht immer nur darum die Aufmerksamkeit auf das Sein (Mu, Selbst) zu richten, weg vom Verstand. Weg von der Illusion der Welt. Immer darum das, was nicht zu einem gehört, das Falsche also, loszulassen. Es geht immer darum aufzuwachen.

Inwieweit...

... können Bücher bei diesem Aufwachen helfen? Dazu einige Worte:

Auf der einen Seite kam ich erst wirklich weiter als ich die Bücher erst einmal weglegte und in mich schaute, d.h. das Wissen um das Sein, das Nicht-Wissen ist, nicht in Büchern, sondern in mir suchte, kurzum, mich auf den Weg der Selbsterkenntnis machte. Das war zunächst das wirkliche Lesen, das wirkliche Verstehen.

Hierzu Nisargadatta Maharaj:

Solange Ihr Augenmerk auf die Vorstellungen anderer oder Ihre eigenen gerichtet ist, werden Sie Schwierigkeiten haben. Doch wenn Sie alle Lehren über Bord werfen, alle Bücher, alles, was in Worte gefasst worden ist, und tief in sich selber eintauchen und sich selbst finden, dann wird allein dies all Ihre Probleme lösen. Sie werden allein Situationen gänzlich gewachsen sein, ganz einfach weil Sie nicht von Ihren eigenen Vorstellungen dieser Situation dominiert werden.

Auf der...

... anderen Seite lässt es sich aber auch nicht leugnen, dass es das Buch von Kapleau war, das mich überhaupt erst mit dem Kôan Mu bekannt machte und so die Dinge für mich voran brachte.

Wann also sind Bücher sinnvoll und wann nicht?

Das wichtigste Kriterium, dass ein Buch, das den weglosen Weg beschreibt, sinnvoll ist, ist, dass der Autor diesen selbst erfahren hat. Je tiefer, desto besser.

Man kann hier keinen gebrauchen, der lediglich belesen ist und nur irgendwas nachplappert. Der Erleuchtung nur vom Hörensagen kennt. Er wird einfach anders schreiben. Genau so wie jemand, der schon mal im Wasser geschwommen ist, über das Schwimmen anders erzählen wird als der, der es nur vom Lesen oder Hörensagen kennt.

Wichtig war für mich auch wie der Text zustande gekommen ist. Ich komme sehr gut zurecht mit Büchern, in denen ein Autor nicht etwas erläutert, sondern der Text eher so aufgebaut ist wie Kapleaus Dialogteil, d.h. jemand, ein Fragender, kommt zum Meister, und man wird als Leser Zeuge ihres Gesprächs. Dies entspricht auch dem dualen Gegensatz.

Genau derart waren zwei der herausragenden Bücher von Nisargadatta Maharaj und Ramana Maharshi, die ich dem Leser wärmstens empfehlen kann. Zum einen das grandiose Buch „I am that"[10], zum anderen die ebenfalls überragenden „Talks", die „Gespräche mit Ramana Maharshi". Beide Bücher haben mir viel Anregung gegeben, worauf ich doch mal noch achten sollte, um davon leer zu werden.

Ein weiteres Kriterium ist, dass ein Buch eine Methode benennt, die dem Interessierten ermöglicht das Beschriebene zu praktizieren. Einige Zen-Bücher, die ich vor Kapleau las, gaben darauf keine Antwort und ließen mich hilflos zurück.

Ich weiß noch, als ich das berühmte Buch „Zen in der Kunst des Bogenschießens" von Eugen Herriegel las und wie fasziniert ich war als Awa Kenzo (1880 – 1939), sein japanischer Kyūdō-Meister, den Pfeil absichtslos (atemlos) zwischen zwei Gedanken losließ und, auch im Dunkeln, immer ins Schwarze traf, direkt ins Selbst (Herz). Er schoss so den gerechten Schuss, d.h. nicht er schoss, sondern es (Zen) schoss, das Schießen geschah. Absolut grandios. Doch dann

---

10 Deutscher Buchtitel „Ich bin".

dachte ich „Ist ja alles schön und gut, aber was mach **ich** denn jetzt, um Zen zu erfahren? Muss ich mir auch einen Bogen kaufen, oder was?" Das Buch benannte keine Methode, die der Leser zum Üben selbst nutzen konnte.

Wichtig war...

… neben diesen Kriterien aber auch, dass ich über die beiden empfohlenen Bücher nicht einfach nur flüchtig drüber las, sondern eher mit ihnen gearbeitet habe. Ich habe mich mit ihnen, auch zweisprachig, tief auseinander gesetzt. Ich habe mir die wichtigsten Stellen der Dialoge in ein Dokument kopiert, darin einiges wiederum fett hervorgehoben etc. Und mich dabei immer wieder gefragt, warum sagt er das, warum gibt er diese Antwort, warum wird er das überhaupt gefragt etc.. Ich habe genau das getan, was Nisargadatta Maharaj hier einem Fragendem empfiehlt.

Fragender: Was soll ich nun tun, nachdem ich all dies gehört habe?
Maharaj: Nur dies zu hören, wird Ihnen nicht helfen. Sie müssen es im Gedächtnis behalten, darüber nachdenken und versuchen, diesen Zustand des Verstandes zu verstehen, der mich sagen lässt, was ich sage.

Speedreading kann man bei so einem Thema also komplett vergessen. Bücher, die ernsthaft den weglosen Weg beschreiben, brauchen schlichtweg ihre Zeit. Und man wird dann auch bemerken, dass das Arbeiten mit einem solchen Buch selbst spirituelle Übung ist. Eine, die einen enorm voran bringt. Eine, die die Arbeit mit dem Kôan Mu, die parallel weiter gehen sollte, unterstützt. Natürlich konnte ich das auch nicht immer. Es gibt Tage, da hat man auch gar keine Lust sich mit diesen tiefgründigen Dingen zu befassen und liest lieber ein Micky-Maus-Heft oder schaut einen schönen Film, aber mit der Zeit kam ich immer wieder drauf zurück.

Ich muss...

... dabei sagen, dass ich durch diese Bücher den Eindruck gewonnen habe, dass die Schriften, die man eher dem Hinduismus zuordnen würde, deutlicher und tiefer sind als die Schriften, die man eher dem Zen-Buddhismus zuordnet. Wie bereits gesagt, ist dies im Grunde Unsinn, denn es geht nur um das Sein. Also so ausgedrückt: Die Schriften des Hinduismus, etwa auch die Bhagavad Gita, gehören wohl zu denen, die das Sein (Mu) am tiefsten erkannten.

Nun zu der...

... Art von Büchern, die durch den weglosen Weg für mich sinnlos geworden sind und einfach wegfielen.

Das sind beispielsweise Bücher zur „Effektivität", zur „Optimierung" oder auch über „Zeitmanagement". Vor Zen hatte ich viel darüber gelesen, doch solche lese ich gar nicht mehr. Warum? Weil all diese genannten Themen in der Selbsterkenntnis enthalten sind und zwar in einer Tiefe, die diese Bücher einfach nicht erreichen können. Kurzum, zu sein ist höchste Effektivität, höchste Optimierung, höchstes Zeitmanagement.

Dasselbe mit Büchern über „Schlagfertigkeit" oder „Spontanität". Auch sie sind weggefallen. Was könnte schlagfertiger sein als die Antwort, die Jôshû dem Mönchen gibt? Es gibt keinerlei Trennung (Unterbrechung) zwischen Frage und Antwort, beide erfolgen unmittelbar. Weshalb es im Kôan Mu ja auch „versetzte" und nicht „antwortete" heißt. Frage und Antwort sind eins. Die Antwort erfolgt nicht mehr aus der verstandesgemäßen Überlegung heraus, nicht mehr aus dem Denken, sondern aus dem Sein. Jôshû sagt also, was er ist. Deshalb kann er „Mu" sagen, denn er ist Mu (Buddha). Wer in Satori ist, ist absolute Spontanität.

Zu bewundern ist diese beispielsweise bei Eckhart Tolle, der sich nie auf Gespräche vorbereitet, der nie vorgefertigte Antworten hat, d.h. nicht aus der gedanklichen Erinnerung heraus spricht, sondern aus dem Sein, dem gedankenlosen Jetzt. Seine Worte sind so immer frisch, wie die Quelle, der sie entspringen. Weil diese rein ist, sind seine Worte wahr.

Auch Bücher zum „Positiven Denken" fielen völlig weg. Warum? Weil man einfach nicht sagen kann, was positiv und was negativ ist. Kurzum, einzig die

Glückseligkeit ist positiv, und sie liegt jenseits von positiv und negativ. Auch sie ist zu sein und liegt damit in der Selbsterkenntnis.

Weggefallen sind selbstverständlich auch Bücher oder Artikel derart „Wie werde ich glücklich?", oder „Wie verliere ich meine Angst?", oder „Wie kann ich stressfrei leben?", oder „Wie finde ich den Sinn des Lebens?", oder „Wie werde ich charismatisch?". All solche Bücher bleiben, sofern sie, gerne auch in ihren Begriffen, nicht das Sein, und damit das Unbeschreibliche, beschreiben, viel zu sehr an der Oberfläche. Sie gehen einfach nicht an die Wurzel und sind nur Symptombeschreibung.

Es kann natürlich sein, dass ich ein solches Buch mal, naja, sagen wir „zum Spaß" lese, ganz sicher aber nicht, um auf dem weglosen Weg voranzukommen.

Aber auch anspruchsvollere Bücher, etwa von Erich Fromm zur Psychologie, Religion, Ethik oder Philosophie lese ich nicht mehr, weil auch all diese in der Selbsterkenntnis enthalten sind.

Nisargadatta Maharaj sagt völlig zu Recht:

Finden Sie Ihr wahres Sein heraus. Was bin ich? Dies ist die fundamentale Frage aller Philosophien und Psychologien. Tauchen Sie tief darin ein.

Mich wundert...

... es übrigens gar nicht, dass Psychoanalytiker wie Erich Fromm, C.G. Jung und andere von Zen so begeistert waren, denn Zen (Sein) ist genau das, was Psychoanalytik sein sollte. Kurzum, der Mensch ist in Satori völlig normal, d.h. seelisch völlig gesund. Er ist Mensch geworden. Und er wird diese Normalität sofort als seinen natürlichen Zustand erkennen. Er wird sagen: „Das ist genau das, was ich bin. Und was ich immer sein wollte. Endlich bin ich bei mir angekommen".

Wenn u.a. den Genannten sicherlich auch Dank gebührt, dass sie durch ihre Bücher versuchten, Zen einem westlichen Publikum näher zu bringen, so möchte ich doch auch sagen, dass mich an der Art, wie sie Zen beschrieben haben, etwas stört. Ich hatte mich immer gewundert, warum die vielen Zen-Bücher, etwa von Fromm, und vor allem von Daisetz T. Suzuki, die ich lange vor Kapleau las, mich nie wirklich packten, wohingegen das Zen-Buch von Kapleau mich schier umhaute. Mir kamen die Zen-Bücher der Erstgenannten vor wie der Versuch Zen zu intellektualisieren und in eine westliche begriffsverliebte Psychologie einzubinden. Eine Psychologie, die viel zu sehr eine Lösung in der Welt, d.h. im außen, sucht, und weil sie die Welt für wirklich hält, natürlich nicht darauf kommt, dass etwa der Körper nur gedacht ist und der Mensch deshalb von falschen Lebensvoraussetzungen ausgeht.

Man nehme nur einmal, dass man erkennt, dass nichts, was in der Welt ist, Halt und Sicherheit geben kann, eben weil die Welt nicht ist, sondern zusammen mit dem Bewusstsein auf- und abtaucht, d.h. bereits aufgrund ihrer Natur unbeständig ist. Wie wollte man im Unbeständigen Sicherheit finden? Alleine schon diese Erwartungshaltung an die Welt nicht zu haben, schützt davor an der falschen Stelle zu suchen, schützt vor Enttäuschung. Davor sich von der Welt betrogen wahrzunehmen und der Depression zu verfallen.

Wenn man also sagt, ein psychisches Problem hat wer unter Wahrnehmungsstörungen leidet, dann muss man doch sagen, jeder der die Welt nicht als Illusion erkennt, hat dieses Problem. Selbstverständlich ist man andererseits für diejenigen, die die Welt nicht als Illusion erkennen können, verrückt.

Fragender: Wenn Sie solche Reden im Westen führen würden, die Menschen würden Sie für verrückt erklären.
Maharaj: Natürlich würden sie das tun. Für Ignoranten ist alles, was sie nicht verstehen können, Wahnsinn. Was macht das schon? Lassen Sie sie sein, wie sie sind. Ich bin, wie ich bin, und das ist nicht mein Verdienst. Die Menschen sind, wie sie sind, und das ist nicht ihre Schuld.

Ich kann nur sagen: Ich war verrückt (verblendet) bis ich auf das Kôan Mu stieß und dies dauerte fast 40 Jahre. Von da an verringerte sich meine Verrücktheit

Jahr für Jahr. Der Mensch, der einmal in Satori war, wird nur den Kopf schütteln, wenn er daran denkt, wie bekloppt er früher drauf war.

Ich möchte damit sagen: Jeder der, vielleicht seit Jahren, erfolglos zum Psychiater oder zur Psychoanalyse geht, sollte die Selbsterkenntnis, erreichbar etwa durch das Kôan Mu, doch mal in Betracht ziehen. Er wird erkennen, der beste Psychiater ist er selbst.

Ich möchte...

... nun kurz noch schildern wie ich mich, nachdem ich den weglosen Weg betreten hatte, gegenüber meinem persönlichen Umfeld verhielt, wie dieses mir gegenüber reagierte und was ich dazu grundsätzlich für erwähnenswert halte.

Als ich nach vielen Jahren des Suchens nach einem Maßstab, an dem die Dinge gerecht zu bemessen seien, schließlich zum Zen-Buddhismus kam und sich durch meine Arbeit mit dem Kôan Mu meine Wahrnehmung änderte, fragte ich mich, wie gehe ich im persönlichen Umfeld damit um. Teile ich mich mit oder halte ich den Mund? Und wenn ich mich mitteile, dann wie?

Man kann einer Kneipenbekanntschaft, deren spirituelle Spanne gerade mal von „Fußball bis Bier" reicht, nicht einfach mal eben so „um die Ohren hauen", dass sein Körper nur gedacht und die Welt Illusion ist.

Auch wenn dies der Fall ist, muss man, und so ist es auch von Siddhartha Gautama (Buddha, geb. 563 v. Chr.) überliefert, die Worte dem Gegenüber entsprechend anpassen. Kurzum, mit manchen kann man über so etwas reden, mit manchen nicht. Und das ist so auch völlig in Ordnung.

Ich hatte im Grunde nur einen Bekannten, mit dem ich ganz offen über meine durch Zen veränderten Wahrnehmungen frei sprechen konnte. Ein Mensch, der einfach die Toleranz besaß, auch wenn er selbst vieles nicht nachvollziehen konnte, es sich doch wenigstens ohne Urteil anzuhören.

Warum eigentlich...

... können viele Menschen solche spirituellen Dinge nicht nachvollziehen? Weil sie nicht die dafür benötigte Bewusstseinstiefe haben. So wenig auch ich diese vor meiner Arbeit mit dem Kôan Mu hatte. Wem gelingt beispielsweise Jôshûs Antwort in folgendem Kôan nachzuvollziehen?

«Ein Mönch fragte Jôshû: ‚Was ist der Sinn von Bodhidharmas Kommen aus dem Westen? Jôshû' erwiderte: ‚Die Eiche da im Garten.'»

Es geht also keinesfalls darum, dass der, der die Antwort nicht versteht, dumm oder nicht gebildet wäre. Hier geht es nicht um Bildung, egal welchen Schul- oder Universitätsabschluss jemand hat. Es geht hier um Weisheit, d.h. ein Wissen, das nicht weiß. Das Verstehen im Sein ist ein völlig anderes als ein intellektuelles Verstehen.

Und mir geht es bei manchen Schriften auch noch immer so. Vor allem bei Aussagen der „üblichen Verdächtigen" Nisargadatta Maharaj und Ramana Maharshi. Auch wenn das Kôan Mu mein Bewusstsein bereits stark erweitert hat, fehlt mir bei vielen ihrer Aussagen noch immer die benötigte Bewusstseinstiefe.

Und wie enorm tief diese beispielsweise bei Nisargadatta Maharaj ist, zeigt der folgende kurze Dialog:

Fragender: Sicher sehen Sie die eigentliche Welt so, wie sie Sie umgibt. Sie scheinen sich ganz normal zu verhalten.
Maharaj: So sieht das für Sie aus. Was in Ihrem Fall des gesamte Feld des Bewusstseins einnimmt, ist gerade ein kleiner Fleck in meinem.

Doch komme ich einige Monate später wieder auf eine Aussage der Genannten zurück, kann es sein, dass ich sie plötzlich verstehe, weil sich mein Bewusstsein erneut erweitert hat. Oft ist mir das passiert. Es ist mit diesen Textstellen also ähnlich wie mit den Koans. Je mehr sich das Bewusstsein vertieft, umso mehr kann man die verschiedenen Koans verstehen.

Ich hatte…

… mich dabei oft gefragt, ob mir andere die Tiefe meines Bewusstseins ansehen könnten. Ob andere mir ansehen könnten, dass ich Mu, in welcher Tiefe auch immer, erkannt hätte. Ob andere mir ansehen könnten, dass ich (zu einem) Buddha geworden war.

Aber man muss dann schnell zur Kenntnis nehmen, dass die meisten Menschen, denen man begegnet, einen völlig mit dem Körper verwechseln. Sie sind einfach nicht in der Lage über den Körper hinaus zu schauen. Eben auch, weil sie es bei sich selbst nicht können. „Was, der soll Buddha sein? Der? So wie der rumläuft?", ist meist deren Tenor. Und so sagt Ramana Maharshi völlig zu Recht:

M.: »Ein Verwirklichter kann wie ein Wilder aussehen, aber ein Wilder ist deshalb noch kein Verwirklichter.«

Damit möchte ich nicht sagen, dass ich wie ein „Wilder" herumlaufe, sondern lediglich, dass der, der den weglosen Weg geht, nicht den Vorstellungen anderer vom Göttlichen entsprechen mag. Und es gibt ja auch keine. Wie soll das Form- und Namenlose denn aussehen?

Mit dem Körper verwechselt zu werden, ist also das Übliche, und ich stehe damit in bester Gesellschaft mit den ganz Großen. Sei es Gott Krishna, der in der Bhagavad Gita von Arjuna mit dem Körper verwechselt wird, oder große Heilige wie Ramana Maharshi oder Nisargadatta Maharaj. So kann also nur ein Gnani einen Gnani erkennen.

Übrigens liegt darin auch, dass Jesus Christus keinesfalls auf die Person (Körper) zu begrenzen ist. Wer dies tut, spricht ihm das Gottsein ab und zieht bezüglich einer Erlösung falsche Schlüsse.

Befindet man...

... sich auf dem Weg der Mitte, sollte man, nur weil man einige Einblicke in die Schöpfung erhalten hat, keinesfalls den Missionar raus hängen lassen und jemandem etwas aufzwingen. Und man wird das, je sensibler und subtiler man durch den weglosen Weg wird, auch nicht tun. Erleuchtet zu sein und lauthals von der eigenen Erleuchtung zu prahlen und sich auf sie etwas einbilden, schließen einander aus.

Dies ist so, dennoch ist es manchmal nicht so einfach, eben auch weil viele Wahrnehmungen so faszinierend sind. Ich spürte bei mir, nachdem ich Mu erstmals erkannt hatte, hin und wieder schon den Drang mich für etwas Besonderes zu halten. Das war natürlich etwas, das es noch abzulegen galt. Schließlich liegt der Unterschied zwischen einem tief erleuchteten und einem gewöhnlichen Menschen einzig darin, dass der Erleuchtete erkannt hat, dass zwischen ihm und dem Anderen kein Unterschied besteht, der Andere es aber ist, der noch Unterschiede sieht.

Auch wenn...

... man Lehrer und Schüler in einem ist, ist es, so meine ich, schon ein Unterschied, ob man selbst den Weg der Mitte geht oder ob man ihn andere auch lehren kann. Über Ramana Maharshi heißt es, dass er 20 Jahre schwieg und daran reifte, bevor er lehrte. Und von Zen-Meister Bassui Tokusho wird berichtet, dass er erst dann zu lehren zustimmte, als er selbst schon sehr, sehr weit war. Man musste ihn regelrecht „anbetteln", damit er es tat.

Ich hielt es, wenn ich auf Leute traf, die am Buddhismus interessiert waren, immer so, dass ich sagte, was ich für erwähnenswert hielt, doch war ich mir (solange ich nicht endgültig in Satori war) immer auch meiner Begrenztheit bewusst, aus der heraus ich eben auch mal etwas falsches sagen könnte. Ich wusste, letzten Endes konnte ich dem Interessierten nur sagen: Sieh selbst wer du bist. Ich kann dir höchstens ein Instrument oder eine Methode zur Selbsterkenntnis nennen. Und auch die vielen großen Meister, die ich hier so zahlreich zitiert habe, tun das so. Sie werfen den Fragenden immer auf sich zurück. Warum, eben weil die Lösung in ihm selbst liegt und der Meister ihn immer wieder darauf hinweist. Er verweist ihn immer auf das Selbst (Mu, Sein). Man kann einem Verwirklichten also (eher) nicht mit einer konkreten Frage kommen, etwa derart: „Soll ich den Job kündigen" oder „Soll ich diesen oder jenen Mann heiraten", er wird dazu nichts sagen, außer: „Die Antwort liegt in dir".

Wie steht es...

... eigentlich mit der Vereinbarkeit von Job und weglosem Weg?

Wer den weglosen Weg gehen möchte, sollte in seinem bisherigen Beruf ganz normal weiter arbeiten. Er sollte nicht plötzlich den weltlichen Dingen entsagen und „Bettelmönch" werden. Mit dem aus der Welt treten, ist dies auch nicht gemeint. Vielmehr geht es darum zwar nicht der Welt verhaftet zu sein, aber in der Welt zu wirken und so Gott (Selbst) überall zu verwirklichen, auch am Arbeitsplatz. Demnach ein guter Kollege oder Vorgesetzter zu sein, nicht auszubeuten, nicht zu mobben, auch nicht nur zu arbeiten, wenn ein Lob des Chefs erfolgt etc.

Natürlich besitzt jemand, der nichts mehr sein eigen nennt, demnach mit dem Ich auch das Mein abgelegt hat, die gesamte Welt, doch dieser hat dann wirklich auch alles losgelassen und das Selbst (Mu) tief erkannt. So jemand kann „Bettelmönch" sein, aber er wird als ein solcher dann auch glücklich sein und sich vollkommen wahrnehmen.

Der folgende Dialog mit Nisargadatta Maharaj verdeutlicht dies:

Fragender: Ich könnte einen nackten, hungrigen Bettler treffen und fragen: „Wer sind Sie?". Er könnte mir antworten: Ich bin das höchste Selbst. Gut würde ich sagen, da Sie nun das Höchste sind, verändern Sie Ih-

ren derzeitigen Zustand. Was wird er tun?
Maharaj: Er wird Sie fragen: Welchen Zustand? Was
muss verändert werden? Was stimmt nicht mit mir?

Wer aber „Bettelmönch" sein möchte, obwohl er noch im Ego verhaftet ist, sichtbar etwa daran, dass er sich durch seine Armut Anderen gegenüber moralisch überlegen fühlt, mag an dieser Entsagung zerbrechen.

Ich möchte...

... zum Schluss kommen.

Der Leser dieses Buchs kann sich sicher sein, dass ich nicht alle Antworten habe und die, die ich habe, nicht die Tiefe und Sicherheit eines Nisargadatta Maharaj oder Ramana Maharshi besitzen, dennoch denke und hoffe ich, dass ich durch diesen Erfahrungsbericht dem Leser einen roten Faden geben konnte, wie er zu Mu, d.h. zu seinem Selbst, finden kann und auf was er dabei achten sollte.

Nicht die tiefsten Antworten geben zu können, stört mich nicht wirklich. Ich mache einfach weiter wie bisher. Und wenn ich beispielsweise etwas von den Genannten lese und wieder mal nicht die geringste Ahnung habe, wovon sie sprechen, mache ich mir keinen Stress, sondern kehre immer wieder zur Frage „Wer bin ich?" (bzw. „Was ist Mu?") zurück.

Das ist immer der sichere Hafen. Damit kann man nichts falsch machen. Dies ist immer der Weg letzten Endes doch zu verstehen.

Und auch der Leser, der vielleicht eine Aussage von mir nicht verstehen sollte, sollte es so halten und sich keinen Stress machen.

Alles kreist also um die Frage „Wer bin ich?", und doch ist diese Frage nicht egozentrisch.

Sie ist der Ausgang aus dem Kreis. Sie ist der Ausweg.

Sie ist die Lösung.

Sie ist Mu.

Weitere Bücher von Ralf Scherer

Erschienen im BoD-Verlag sind:

Der Liebende ist kein Sünder, Zen-Erfahrungen (2010)

„Alles, was ich weiß, ist Gott", Zen in Frage und Antwort (2014)

Kôan Mu, Erfahrungsbericht und Einordnung (2015)

„Adolf Hitler", Eine zen-buddhistische Betrachtung (2015)

„An Morgen wag ich nicht zu denken", Ein Buddhist im Obdachlosenheim (2018)

Website

Ralf Scherer betreibt die zen-buddhistische Website:

„Es (abs.), Nicht"

https://sites.google.com/site/esabsnicht